DIE INTERNATIONALISIERUNG DER MEERENGEN UND KANÄLE

DIE INTERNATIONALISIERUNG DER MEERENGEN UND KANÄLE

BERICHT, ERSTATTET AN DIE NEUTRALE KONFERENZ IN STOCKHOLM, NEBST EINEM VERTRAGSENTWURF

VON

Dr. RUDOLF LAUN
UNIVERSITÄTSPROFESSOR IN WIEN

HAAG
MARTINUS NIJHOFF
1918

ISBN 978-94-015-0121-7 ISBN 978-94-015-0599-4 (eBook)
DOI 10.1007/978-94-015-0599-4

HEINRICH LAMMASCH

in dankbarer Verehrung gewidmet

Das schwedische Friedenscomité des Iahres 1916 (*Lindhagen—Ohlsson*), hat in einer Eingabe vom 31 August 1917, welches der dritten Zimmerwalderkonferenz, der sozialdemokratischen Friedenskonferenz in Stockholm und der Berner Versammlung der Organisation Centrale pour une paix durable unterbreitete, in Bezug auf die Meerengen und Kanäle die folgende Forderung aufgestellt:

„Sunde oder Kanäle, die grosse Wassergebiete verbinden, werden internationalisiert, wie der Bosporus und die Dardanellen, die Strasse von Gibraltar, der Suezkanal, der Panamakanal, der Nord-Ostseekanal, Öresund und die dänischen Belte, der Meerbusen von Korinth."

VORWORT.

Die vorliegende Arbeit ist im Auftrage der neutralen Konferenz Stockholm 1916 im Winter 1916/17 in Wien verfasst worden und musste mit April 1917 abgeschlossen werden. Die während des Krieges in den feindlichen Ländern etwa erschienene einschlägige Literatur komte so gut wie gar nicht benützt werden, auch sonstige neueste Literatur nur in höchst unvollständiger Weise, da der Krieg die Versendung von Büchern und den Dienst in den Bibliotheken überaus erschwerte. Ebenso war es nicht möglich, einen vollständigen Überblick auch nur über die wichtigsten während des Krieges in den verschiedenen Ländern tätigen Friedensorganisationen und ihre Forderungen in Bezug auf die Frage der Meerengen und Kanäle zu gewinnen, sodass die vorliegende Arbeit auch in dieser Hinsicht möglicherweise wesentliche Lücken aufweist.

Äuszere, mit dem Krieg zusammenhängende Umstände haben dann das Ercheinen der Arbeit unerwartet hinausgeschoben. Da mir jedoch das Thema ein sehr aktuelles zu sein scheint, habe ich mich zur selbständigen Veröffentlichung der Studie entschlossen. An eine Ausfülling der oben erwähnten Lücken kann jedoch, solange der Krieg dauert, nicht gedacht werden, sie wäre wohl erst längere Zeit nach dem Friedensschluss möglich. Die Publikation so lange hinauszuschieben, scheint mir sachlich nicht gerechtfertigt. Ich übergebe daher die Arbeit mit allen ihren Mängeln, Unebenheiten und Unvollständigkeiten der Öffentlichkeit, in der Hoffnung, dass sie auch in dieser unvollkommenen Gestalt zur Diskussion eines der wichtigsten weltpolitischen Probleme und zum Ausbau eines der Grundpfeiler eines künftigen dauernden Friedens wenigstens ein kleines Scherflein beitragen möge.

WIEN, im November 1917.

DER VERFASSER.

I. DER GEGENWÄRTIGE STAND DES PROBLEMS.

Wenn, wie wir hoffen, nach der Beendigung oder vielleicht schon gelegentlich der Beendigung des gegenwärtigen Krieges an den Ausbau einer Völkerrechtsordnung geschritten werden wird, welche einen möglichst gesicherten und dauernden Frieden verbürgen soll, so wird sich als ein wichtiges und unentbehrliches Glied in der langen Reihe der zu fassenden Beschlüsse die Regelung der Frage der Meerengen und internationalisierten Kanäle erweisen.

I. A. Die ausserordentlich grossen politischen und wirtschaftlichen Interessen, welche sich für alle Staaten an die möglichst freie Durchfahrt durch die für den Weltverkehr bedeutsamen Wasserstrassen knüpfen, geraten, wie es scheint, unter Umständen mit den Lebensbedingungen der Uferstaaten in Widerspruch. Zunächst stehen hier zwei der wertvollsten Rechtsgüter des Völkerrechtes im Streit mit einander, die Freiheit des Verkehrs auf dem Meere und die staatliche Hoheit im Küstengewässer. Ganz besonders aber sind es die Erfordernisse der *Verteidigung*, welche mit jenem der freien Durchfahrt unter Umständen unvereinbar zu sein scheinen. Hiedurch wird das Problem zu einem der schwierigsten und delikatesten, seine Lösung setzt die Stellungnahme zu allgemeinen Grundsätzen von grösster Tragweite voraus.

Aber nicht nur mit den besonderen Interessen der Uferstaaten kann die freie Durchfahrt in Konflikt geraten, sondern auch mit dem Interesse aller Staaten an der freien Kriegführung. Vor allem versprechen die Blockade, das Minenlegen und sonstige Absperrungsmassregeln als Mittel der Seekriegführung gerade in Meerengen unter Umständen einen einschneidenden und wegen der geringeren Breite des zu sperrenden Meeresteiles verhältnismässing leicht erreichbaren Erfolg. Auch für die Durchsuchung und Kaperung von Schiffen und verschiedene feindselige Akte im Seekrieg können sich Meerengen leicht als ein besonders geeigneter Raum erweisen, weil hier viele Schiffahrtslinien dicht zusammengedrängt werden.

Infolge dieser Umstände wurde es vor dem Kriege vielfach als ein im allgemeinen ziemlich, wenn auch nicht unbestritten feststehender Grundsatz des Völkerrechtes betrachtet, dass die Durchfahrt durch Meerengen den Krieg- und Handelsschiffen weder im Frieden noch im Krieg verwehrt werden dürfe, selbst dann nicht, wenn die Meerenge wegen ihrer geringen Breite ganz in die Zone der Küstengewässer fällt, ja auch dann nicht, wenn beide Ufer demselben Staate gehören Das sogenannte Recht der friedlichen Durchfahrt (jus passagii sive transitus innoxii, droit de passage inoffensif oder innocent, right of innocent passage) wurde hier in der Regel — wir können etwa sagen — *unbedingt* anerkannt. Das heisst, wenn auch der Uferstaat nach dem bisherigen Völkerrecht die Modalitäten der Durchfahrt seepolizeilich regeln kann, so muss doch die Möglichkeit der Durchfahrt den Schiffen aller

Flaggen offen bleiben, während im *sonstigen* Küstengewässer die Schiffahrt mit weitestgehenden Beschränkungen, insbesondere mit einer völligen Absperrung, etwa durch Minen, zu rechnen hat [1]).

Wenn nun jenes *unbedingte* Recht der freien Durchfahrt selbst in jenen Meerengen anerkannt wird, welche gänzlich in die Zone der Küstengewässer fallen, so muss man es umsomehr für jene Meerengen annehmen, welche auch an ihrer schmalsten Stelle breiter als die doppelte Breite der Küstengewässer sind, welche mithin ihrer ganzen Länge nach van einem Streifen offenen Meeres durchzogen werden. Dies wäre namentlich dann von Bedeutung, wenn die beiden Uferstaaten sich gleichzeitig im Kriege befinden, sodass die Meerenge ihrer vollen Breite nach Kriegsschauplatz würde. Es könnte aber beispielsweise auch dann von Belang sein, wenn die Küstengewässer beiderseits oder auf einer Seite wegen Untiefen u. dgl. nicht fahrbar sind und der Rest der Meerenge Kriegsschauplatz ist oder wenn der einzig fahrbare Teil der Meerenge in das Küstengewässer eines neutralen Staates fällt, welcher seine Neutralität durch eine vollständige Minensperre schützen zu müssen glaubt, u. dgl.

Jenes Recht der „unbedingten" Durchfahrt, von welchen die Rede war, bewirkt demnach eine *örtliche Ausnahme, ein jus particulare gegenüber den allgemeinen*

[1]) Vgl. insbesondere Art. 5 der Pariser Beschlüsse des Instituts für internationales Recht, Annuaire de l'Institut de droit international, XIII (1894—1895) S. 125, 161, 281—331: „Tous les navires sans distinction ont le droit du passage inoffensif par la mer territoriale, sauf le droit des belligérants de réglementer et dans un but de défense de barrer le passage dans la dite mer pour tout navire...."

Völkerrechtssätzen über das Küstengewässer und über das offene Meer.

Wenn ein Teil des Küstengewässers beziehungsweise des offenen Meeres Teil einer *Meerenge* ist, so gelten für ihn um dieses Umstandes willen besondere Rechtsregeln.

Demgegenüber erhebt sich sofort die Frage, was denn eine „Meerenge" sei. Zunächst muss erwogen werden, wie breit ein Meeresteil — an seiner schmalsten Stelle gemessen — sein könne, ohne den Charakter einer Meerenge zu verlieren. Es kann zum Beispiel der Zweifel auftauchen, ob die Strasse von Korea, welche ungefähr 180, oder jene von Yucatan, welche etwa 210 km. breit ist, noch als eine Meerenge betrachtet werden dürfe. Ueber diese Frage hat sich bis jetzt keine bestimmte Auffassung durchgesetzt. Dennoch muss das Problem gelöst werden. Ohne Rücksicht auf eine Maximalbreite könnte beispielweize auch das Rote Meer, welches in einer Breite von 150 bis 330 km. Afrika von Arabien scheidet, oder die Ostsee, ja vielleicht noch ein viel grösseres Meer der ganzen Ausdehnung nach als „Meerenge" hingestellt werden. Irgend eine Maximalgrenze muss wohl dem bisherigen Völkerrecht entsprochen haben. Welche aber, ist völlig unentschieden. Der ganze Rechtszustand ruhte demnach bisher auf der Bedeutung des Wortes „Meerenge" „détroit", „strait" u. s. w., mithin auf einem unsicheren und nicht eindeutigen *Sprachgebrauch.*

Allein an den Begriff der Meerenge knüpft sich noch eine zweite wesentliche Unklarheit. Es gibt bekanntlich überaus zahlreiche Meerengen, namentlich in

Inselgruppen. Viele dieser Meerengen liegen weit ab von jedem Verkehrsweg. Es entspräche weder den Verkehrsinteressen noch dem Herkommen, wenn man annehmen wollte, dass in allen derlei Wasserstrassen die staatlichen Hoheitsrechte im Küstengewässer, vor allem die Verteidigungsmassregeln des Uferstaates, hinter dem unbedingten Rechte der freien Durchfahrt zurücktreten müssen. Sinn und Zweck des unbedingten jus passagii fordert es beispielsweise, dass von zehn paralellen Durchfahrten durch einen Archipel *eine* unbedingt offen stehe, aber nicht alle zehn [1]. Auch einzelne Inseln in der Nähe des Festlandes oder eines grösseren Insellandes schliessen häufig mit diesem eine Wasserstrasse ein, an welcher der allgemeine Verkehr nur ein äusserst geringes oder gar kein Interesse hat, während der Uferstaat durch die Beschränkung seiner Hoheitsrechte im Küstengewässer empfindlich berührt würde. Man denke etwa an den Solent zwischen der Insel Wight und der britischen Insel oder an die Meerengen zwischen der dalmatinischen Küste und verschiedenen dalmatinischen Inseln. Auch in solchen Fällen würde die Anwendung der Normen über das unbedingte jus passagii den Sinn und Zweck dieser Normen kaum entsprechen.

Welche Meerengen müssen denn nun aber, auch angenommen, dass sie an der schmalsten Stelle jene Maximalbreite nicht überschreiten, der Durchfahrt unbedingt offenstehen und welche nicht? Auch diese

---

[1]) Vgl. insb. *den Beer Poortugael* im Annuaire de l'Institut de droit international, XXIII, S. 93, 157. Vgl. auch *Matzen*, a. a. O., XIII, S. 321.

Frage ist im bisherigen Völkerrecht nicht klar entschieden worden. Fest steht nur, und auch dies ist nicht unbestritten [1]) ,dass Meerengen, welche in ein geschlossenes Meer (mare clausum, mer fermée) führen, nicht dem Sonderrecht für Meerengen sondern den allgemeinen Grundsätzen über die Hoheitsrechte der Uferstaaten im Küstengewässer unterliegen. Aber damit ist nur ein kleiner Teil der Meerengen ausgeschieden, keineswegs die grosse Mehrzahl jener erwähnten Fälle. Meistens nimmt man es nun als selbstverständlich an, dass nur jene Meerengen als „offene" zu betrachten seien, welche für den *allgemeinen Verkehr von Bedeutung sind.* Aber selbst wenn man diesen Satz als geltendes Recht voraussetzt, wäre noch zu untersuchen, welcher Grad der Intensität des Verkehrs als Mindestgrenze anzunehmen sei.

Man unterscheidet gewöhnlich Wasserstrassen, welche der internationalen und solche, welche nur der nationalen Schiffahrt dienen, man spricht von Wasserstrassen, welche für den Welthandel oder Weltverkehr wichtig sind, von „routes maritimes indispensables", „routes maritimes nécessaires à la navigation" „grandes routes maritimes", von „passage habituel d'une mer libre à une autre", von „international highways", „highways for international traffic" u. s. w. Aber es bedarf keinen näheren Ausführung, dass auch hier jede Präzision fehlt und dass unter diesem Gesichtspunkt in letzter Linie nur ein schwankender und vieldeutiger *Sprachgebrauch* darüber entscheidet, ob ein Meeresteil,

---

[2]) Vgl. beispielsweise die Literaturangaben bei *Kumrow*, Der Bosporus und die Dardanellen, Dissertation Würzburg, 1913, S. 62, 63.

der geographisch als Meerenge zu qualifizieren ist, der unbedingten freien Durchfahrt offen stehen müsse.

Nicht minder gross ist die Unsicherheit über den *Inhalt* des jus passagii in Meerengen. Sicherlich bedeutet dieses Recht, wenn man es überhaupt anerkennt, eine Ausnahme der allgemeinen Rechtssätze über das Küstengewässer einerseits und über das offene Meer anderseits, hat daher für diese beiden Gebiete Verschiedenes zum Gegenstand. Aber schon die Grenze zwischen diesen beiden Gebieten ist zweifelhaft. Bekanntlich ist die Dreimeilenzone nicht unbestritten anerkannt und entspricht mit Rücksicht auf die Tragweite der Geschütze dem Bedürfnis des Küstenschutzes längst nicht mehr. Sie hat daher in manchen Verträgen anderen Grenzen, insbesondere einer Zehnmeilenzone Platz gemacht. Ein allgemeines Völkerrecht hat sich aber hieraus nicht entwickelt. Man hat einen allgemeinen Satz aus der Grenze der Treffsicherheit der Strandbatterien abzuleiten versucht. Allein jeder Artillerist — ich habe selbst die Ehre, ein solcher zu sein — weiss, dass Treffsicherheit ein relativer Begriff ist, der von dem Masse der „Streuung" abhängt, welches man eben noch zulassen zu können glaubt, und der daher selbst auf willkürlich gewählten Voraussetzungen beruht. Zudem ändert sich der Begriff der Kanonenschussweite mit den Fortschritten der Technik.

Was nun den Inhalt der Rechtssätze über das Durchfahrtsrecht selbst anbelangt, so betreffen sie das Verbot, die Meerenge für den Schiffsverkehr *gänzlich* zu sperren, sei es durch eine regelrechte Blockade, eine sogenannte Steinblockade, eine Minensperre u. s. w.

Im Küstengewässer bedeutet dies zunächst eine Beschränkung der Hoheitsrechte des Uferstaates, im Küstengewässer *und* im offenen Meer überdies eine Beschränkung der erlaubten Mittel der Kriegführung. Nach beiden Seiten hin ist es aber im Völkerrecht völlig unentschieden geblieben, *wie weit* diese Beschränkung geht.

1780 hat Spanien gelegentlich der Belagerung von Gibraltar die Strasse von Gibraltar nicht vollständig abgesperrt, obwohl die beiderseitigen Küstenmeerzonen Kriegsschauplatz waren. Es nötigte lediglich die neutralen Schiffe, welche die Meerenge passieren wollten, bei sonstiger Konfiskation unter Begleitung spanischer Kriegsschiffe entlang der afrikanischen Küste zu fahren [1]). Die Frage der Sanktion soll hier nicht erörtert werden. Wie steht es aber mit der Beschänkung der Durchfahrt an sich? Ging Spanien weiter als es durfte, oder weniger weit, oder traf es gerade das Maximum des Zulässigen?

Zeitlich viel näher liegt uns ein anderes Beispiel. Bekanntlich haben die Japaner im russisch-japanischen Krieg die Tsugarustrasse zwischen Nippon und Jeso als Seeverteidigungsgebiet erklärt, jedoch mit Rücksicht darauf, dass es sich um einen internationalen Verkehrsweg vom Grossen Ozean in das Japanische Meer handelte, nicht schlechthin gesperrt, sondern die Durchfahrt neutraler Schiffe bestimmten Be-

---

[1]) Vgl. statt vieler *Hautefeuille*, Des droits et des devoirs neutres en temps de guerre maritime, 10. Aufl., 1858, I, 96, 97. *Nys*, Le droit international, Nouvelle édition, I, 496, III, 187; *Schüking* in *Niemeyers* Zeitschrift für Internationales Privat- und öffentliches Recht, XVI (1906), S. 142, Anm. 3.

schränkungen unterworfen. Insbesondere durften die Schiffe nur bei Tag und mit japanischen Lotsen passieren [1]). War dies nun gerade das höchste zulässige Mass der Beschränkung, oder war es mehr, oder vielleicht weniger? Konnten sich beispielsweise neutrale Schiffe mit Recht darüber beschweren, dass zur Nachtzeit ihre Fahrt aufgehalten werde oder dass sie etwa ungünstiger behandelt werden als konkurrierende japanische Schiffe?

Es handelt sich jedoch keineswegs nur um irgend welche geringfügigen Details der Durchfahrtsmodalitäten. Das Prinzip der unbedingten Durchfahrt selbst ist praktisch in Frage gestellt, wenn den zulässigen kriegerischen Massregeln keine feste Schranke gezogen ist. Beispielsweise könnte der Uferstaat jede vollständige Sperrung wenigstens eine längere Zeit hindurch damit rechtfertigen, dass er sie als eine nur vorübergehende bezeichnete, oder es könnte die Durchfahrt zwar scheinbar gestattet, in Wahrheit aber durch weitgehende Schikanen aller Art praktisch vollkommen gehemmt werden.

Aber auch im Frieden kann die seepolizeiliche Regelung der Durchfahrtsmodalitäten seitens des Uferstaates oder die praktische Handhabung der einschlägigen Vorschriften eine völkerrechtswidrige Einschränkung des Rechtes der freien Durchfahrt zur Folge haben. Wenn die Türkei das Passieren der Meer-

---

[1]) Vgl. *Schücking* a. a. O., 145, 146 und in der Zeitschrift „Das Recht", XVI (1912), No. 10, S. 299, 300; *Wetzstein*, Die Seeminenfrage im Völkerrecht, Dissertation Leipzig, 1909, S. 35, 36; *Martin*, Die Verwendung von Minen in Meerengen, Dissertation Würzburg, 1914, S. 33, 34.

engen von Konstantinopel an die Erteilung eines Firmans geknüpft hat, so lag darin praktisch keine Beeinträchtigung der freien Durchfahrt, solange, wie es tatsächlich der Fall war, die Bewilligung ohne Schwierigkeiten zu erlangen war und daher nur als eine Formsache betrachtet werden konnte. Immerhin hängt es doch ganz von den Bedingungen ab, an welche in solchen Fällen die staatliche Gesetzgebung die Bewilligung knüpft, ob dem Völkerrecht entsprochen ist oder nicht. Gerade um dies zu beurteilen, müsste man jedoch wissen, *welches Mass* von seepolizeilichen Beschränkungen das Völkerrecht dem Uferstaat anzuordnen freistellt.

Es wäre mit dem völkerrechtlichen jus passagii nicht im Einklang, wenn der Uferstaat seine Seebehörden disjunktiv ermächtigt, die Bewilligung nach freiem Ermessen zu erteilen oder zu versagen [1]), oder wenn er zwar kategorisch [1]) bestimmte Durchfahrtsbedingungen gesetzlich statuiert, mit diesen aber völkerrechtlich nicht anerkannte Einschränkungen verfügt. Welche Einschränkungen sind nun aber völkerrechtlich anerkannt und welche nicht? Es dürfte beispielsweise völkerrechtlich zulässig sein, die Einholung einer Bewilligung vorzuschreiben, wenn die Intervention der Behörde sich etwa auf Feststellungen zu statistischen Zwecken u. dgl. zu beschränken hätte und der verursachte Aufenthalt sich innerhalb mässiger Grenzen bewegte, im übrigen aber die Durchfahrts-

---

[1]) *Laun*, Kategorische und disjunktive Normen, im Archiv des öffentlichen Rechts, XXXIV (1915), S. 162ff. und das freie Ermessen und seine Grenzen, 1910, S. 47ff, 61ff.

bewilligung unter Ausschluss jedes behördlichen freien Ermessens nicht verweigert werden dürfte. Allein schon, wo die „mässigen" Grenzen für den zeitlichen Aufenthalt anlässlich der statistischen Aufnahme zu ziehen seien, ist ganz unentschieden.

Ebenso unentschieden aber ist es, welche sachlichen Gründe einer völligen Verweigerung der Durchfahrt das Völkerrecht anerkennt, also insbesondere, was im Zweifel noch als „friedliche" Durchfahrt, als passage „inoffensif" zu betrachten sei. Auch dieser Begriff steht keineswegs fest. Man denke nur etwa an das Verteidigungsrecht bewaffneter Handelsschiffe, oder an die Möglichkeit, dass an den Küsten der Meerenge ein Landheer operiert, oder ein Aufstand ausgebrochen ist, dem auch ein unbewaffnetes Handelsschiff Dienste leisten kann, oder an Zwischenfälle, wie jener der russischen Flotte bei ihrer Durchfahrt den Aermelkanal im russisch-japanischen Krieg, wobei friedliche Fischerboote beschossen wurden, weil man sie für japanische Kriegsschiffe hielt. Der Hinweis auf diese wenigen Beispiele dürfte genügen, um darzutun, dass der Begriff der freien Durchfahrt, des „passage inoffensif" noch in hohem Masse einer Klärung bedürfte. Ebensowenig steht fest, welche Garantien der Friedlichkeit der Uferstaat etwa von einem durchfahrenden Schiff verlangen dürfe. Ja nicht einmal das kann mit völliger Sicherheit beantwortet werden, ob und in welcher Weise der Uferstaat berechtigt sei, die Friedlichkeit der Durchfahrt eines Schiffes zu prüfen.

Es sind demnach die grundlegendsten allgemeinen

Fragen des Meerengenrechtes noch ungeklärt. Trotsdem hat der Literatur des Völkerrechtes bisher verhältmässig wenig zutage gefördert, was geeignet wäre, einer künftigen näheren Regelung der Materie als Grundlage zu dienen.

Das Recht der friedlichen Durchfahrt durch Meerengen hat sich gegenüber den älteren Ansprüchen einiger Staaten auch in die Literatur nach und nach durchgesetzt. *Galiani* darf vielleicht als einer der ersten genannt werden, welche dem Meerengenproblem die gebührende Beachtung geschenkt haben, indem er den Ansprüchen Englands auf den Kanal La Manche und Venedigs auf den „golfo Adriatico" im Namen der Meeresfreitheit entgegentritt [1]). Ausdrücklich hebt er hiebei hervor, dass die Schriftsteller über derlei Souveränitätsansprüche auf Meeresteile keineswegs einig sind. Noch *G. F. Martens* [2]) stellt die Meerengen ausdrücklich dem Küstengewässer gleich, ohne für die befahrenen Meerengen eine allgemeine Ausnahme im Interesse des Weltverkehrs zu statuieren. Seitdem hat sich längst eine communis opinio bei den Autoren des Völkerrechts in der Richtung gebildet, dass die friedliche Durchfahrt durch Meerengen zwischen offenen Meeren oder Meeresteilen den Schiffen aller Staaten offen stehe. Allein weiter als auf diesen allgemeinen und ziemlich unbestimmten Satz erstreckt sich die Uebereinstimmung nicht [3]). Keineswegs ist

---

[1]) De' doveri, de' principi neutrali verso i principi guerregianti, e di questi verso i neutrali, libri due, 1782, I, cap. 10, § 1, S. 418—420.

[2]) Précis du droit des gens moderne de l'Europe, § 40.

[3]) Vgl. auch die Literaturübersicht bei *Stoerk* in *Holtzendorff's* Handbuch des Völkerrechts, 1887, II, § 96.

es unbestritten anerkannt, dass die Durchfahrt in dem früher erörterten Sinne *unbedingt* offen stehe. Zwar treten viele Autoren mehr oder weniger ausdrücklich dafür ein, dass die Durchfahrt zu allen Zeiten — daher auch im Kriege — allen Arten von Schiffen — daher auch den Kriegsschiffen und Truppentransporten Kriegführender — geöffnet sein müsse [1]). Es werden aber auch heute noch Stimmen laut, welche die völlige Sperrung einer Meerenge im Kriege unter Umständen, insbesondere für Kriegsschiffe oder Truppentransporte als gerechtfertigt ansehen [2]). Andere Autoren gehen zwar nicht so weit, wollen aber die Durchfahrt doch nur mit Beschränkungen, namentlich im Imteresse der Verteidigung des Uferstaates, zulassen [3]), so dass die Frage offen bleibt, wie weit der

---

1) Vgl. statt Vieler *Hautefeuille*, Des droits et des devoirs des nations neutres en temps de guerre maritime, I, 1858, S. 99; *Kleen*, Lois et usages de la neutralité, II, § 170; *Lawrence*, The principles of international. Law, § 108. *Martitz* in *Hinneberg's* Kultur der Gegenwart II, VIII, S. 444; *Oppenheim*, International Law, I, § 195; *Westlake*, International Law, I, ch. IX; *Liszt*, Das Völkerrecht, § 26, II, 3; *Abribat*, Le détroit de Magellan, 1902, S. 188; *Schücking*, Die Verwendung von Minen im Seekrieg, in *Niemeyer's* Zeitschrift für Internationales Privat- und öffentliches Recht, XVI (1906), S. 121ff und im „Recht", XVI (1912), S. 299; *Hershley*, The Essentials of International Public Law, § 196; *Rocholl*, Die Frage der Minen im Seekrieg, 1910, S. 132; *Berg*, Die Seeminen im Krieg, Dissertation Würzburg, 1910, S. 66.

2) Z. B. *Bonfils*, Manuel de droit international public, herausg. v. *Fauchille*, § 507; *Merignac*, Traité de droit public international, II, 1907, S. 588; *Kumrow*, Der Bosporus und die Dardanellen, Dissertation Würzburg, 1913, S. 84, 98; *Martin*, Die Verwendung von Minen in Meerengen, Dissertation Würzburg, 1914, S. 33-35, 60, 61; *Wehberg*, Das Seekriegsrecht, 1915, S. 86.

3) Beispielsweise *Pradier-Fodéré*, Traité de droit international public, II, § 654; *Vattel*, Le droit des gens, I, § 292; *Phillimore*, Commen-

Uferstaat mit derlei Beschränkungen gehen dürfe.

Es sind also selbst die wichtigsten Fragen über das Durchfahrtsrecht wenig geklärt. Der Begriff der Meerenge wird zumeist nicht erörtert, die Frage nach seinen Grenzen sowohl hinsichtlich der Maximalbreite als hinsichtlich der Wichtigkeit für den Verkehr gar nicht aufgeworfen. Der Inhalt des Durchfahrtsrechtes wird nur ganz im Allgemeinen umschrieben, man vermisst eine genauere Präzisierung, bis zu welchen Grenzen der Uferstaat vermöge seiner Hoheitsrechte im Küstengewässer, oder die Kriegführenden, falls die Meerenge Kriegsschauplatz ist, die freie Durchfahrt beschränken dürfen. Selbst ausführliche und gründliche Darstellungen des Völkerrechtes begnügen sich zumeist damit, dieses Recht mehr oder weniger eingehend aus den Verkehrsinteressen zu erklären, etwa noch eine Geschichte des Problems beizufügen, und legen vielfach das Hauptgewicht auf die Darstellung der Verträge über die einzelnen Meerengen und Kanäle, namentlich die türkischen Meerengen, den Suez- und Panamakanal.

Eine wertvolle Vorarbeit auch für die legislativpolitische Behandlung des Meerengenproblems bietet der Aufsatz von *Schücking*, Die Verwendung von Minen im Seekrieg, in *Niemeyer's* Zeitschrift für Internationales Privat- und öffentliches Recht [1]).

---

taries upon international Law, 3 ed., I, S. 265, anm. d; *Calvo*, Le droit international théorique et pratique, I, § 368; *Piédelièvre*, Précis de droit international public, I, 1894, No 407; *Nys*, Le droit international, Nouvelle édition, I, S 495; *Despagnet*, Cours de droit international public, § 417; *Lozé*, La question des détroits, 1908, S 11, 12

[1]) XVI (1906), S. 121ff.

Schücking lässt die besonderen Normen, wie sie z.B. für den Bosporus und die Dardanellen bestehen, beiseite und unterscheidet „für das im Zweifel anzuwendende Recht" [1]), mithin de lege lata, drei Kategorien von Meerengen:

1.) „Meerengen, die in ein geschlossenes Meer führen", z.B. die Strasse von Kertsch.

2.) „Meerengen, die ebenfalls auf beiden Seiten von einem Uferstaat beherrscht werden und zwar von einem offenen Meer in das andere führen, aber regelmäßig doch nur für die nationale Schiffahrt in Betracht kommen". z.B. der Solent zwischen der britischen Insel und der Insel Wight.

3.) „Meerengen, die zwei offene Meere miteinander verbinden und der internationalen Schiffahrt dienen."

Die Meerengen der beiden ersten Kategorieen könne der sie beherrschende Uferstaat sperren, ebenso sein Gegner im Krieg. Bezüglich der dritten Kategorie seien wieder drei Gruppen zu unterscheiden:

a) „Meerengen, die in ihrer ganzen Längen-Ausdehnung so breit sind, daß sie abgerechnet die Küstenmeerzonen der Uferstaaten in ihrer Mitte noch einen Teil freien Meeres darstellen", z.B. der Kanal.

b) „Solche Meerengen, die teils so breit sind, daß sie abgerechnet die Küstenmeerzone der Uferstaaten in ihrer Mitte noch einen Teil des freien Meeres darstellen, teils aber lediglich Küstenmeer sind."

c) „Solche Meerengen, die in ihrer ganzen Ausdehnung lediglich Territorialmeer sind."

Für die Meerengen der ersten Gruppe (a) gelte

[1]) S. 140.

zunächst das gemeine Recht. Die freie See könne Kriegsschauplatz sein. Hier sei auch eine Minensperre zulässig und die Schiffahrt müsse sich einen Weg durch das neutrale Küstenmeer suchen. Nur wenn dieses wegen Untiefe nicht passierbar ist, so dürfe die Sperre nur relativ sein, d.h. es müsse im Interesse des internationalen Verkehrs für die neutrale Schiffahrt ein Weg offen gelassen werden. Doch dürfe der Kriegführende sich vorbehalten, diesen von Fall zu Fall unter besonderen Vorsichtsmaßregeln zu zeigen. Auch wenn beide Uferstaaten sich im Kriege befinden, dürfe die Sperre der ganzen Meerenge nur als eine solche relative durchgeführt werden.

Die Meerengen der zweiten Gruppe stehen, soweit sie in ihrem Verlaufe offenes Meer einschließen, denen der ersten, in den übrigen Teilen denen der dritten gleich.

Die Meerengen der letztgenannten Gruppe können, wenn die Uferstaaten neutral sind, nicht Kriegsschauplatz sein, daher sei für dritte Mächte die Möglichkeit einer Minensperre nicht gegeben. Wenn aber der Uferstaat Krieg führe, sei ihm eine relative Sperre gestattet [1]).

Schücking hat später in dem Aufsatz „Die Minensperre der Dardanellen und ihre Rechtsfolgen" in der Zeitschrift „Das Recht" [2]), seine Lehre auf einen praktischen Fall im italienisch-türkischen Krieg angewendet. Er gelangt hier zu dem Ergebnis, daß die Türkei nicht berechtigt war, die Dardanellen völlig

---

[1]) S 140—146

[2]) XVI, No 10 v. 25. Mai 1912, S. 300.

durch Minen zu sperren, wie sie es tatsächlich getan hat [1]). In diesem Aufsatz betont *Schücking*, wie dringend notwendig es sei, daß die Normen der Zweiten Haager Friedenskonferenz über die Verwendung von Minen im Seekrieg eine Ergänzung in Bezug auf die Meerengen erfahren. Für diese Ergänzung schlägt er vor, die Möglichkeit zu eröffnen, daß die durch eine völkerrechtswidrige Sperre geschädigten Individuen ihre Rechtsansprüche gegen den Staat, der die Sperre verfügt hat, vor einem internationalen Gericht einklagen können, und erinnert an Art. 9 Abs. 3 des Reglements des Instituts für internationales Recht über die Verwendung von Minen: „Cette responsabilité pourra être mise en jeu, même par des particuliers, devant le tribunal international compétent."

Den Ausführungen *Schücking's* in dem zuerst genannten Aufsatz haben sich drei kleinere Arbeiten von *Wetzstein*, *Berg* und *Rocholl* im Wesentlichen angeschlossen [2]), wobei auch Bemerkungen de lege ferenda gefallen sind. So tritt *Wetzstein* dafür ein, dass nach dem Muster des früher erwähnten japanischen Vorgehens in der Tsugarustraße es allgemein zur Pflicht gemacht werde, bei Minensperren in Meerengen eine Durchfahrt für neutrale Schiffe wenigstens bei Tage und unter Mitgabe eines Lotsen offen zu halten. Dies würde die Sicherheit der Schiffahrt in

[1]) Vgl. dazu die bei *Wehberg*, Das Seekriegsrecht, 1915, S. 86, Anm. 1, zitierte Literatur

[2]) *Wetzstein*, Die Seeminenfrage im Völkerrecht, Dissertation Leipzig, 1909, S 35, 36; *Berg*, Die Seeminen im Krieg, Dissertation Würzburg, 1910, S. 66, 67; *Rocholl*, Die Frage der Minen im Seekrieg, 1910, S. 132 ff.

hohem Maße gewährleisten. Denn bei einer Meerenge handle es sich nur um ein ganz bestimmtes Wassergebiet, das an seiner Grenze gegen die hohe See durch Wachtkreuzer und vom Lande aus leicht zu überwachen sei, so daß die Vorsichtsmaßregel allen passierenden Schiffen zugute kommen werde. Die Neutralen dürften sich der nicht allzu großen Beschränkung gerne fügen, der Kriegführende aber werde in seinen Rechten kaum geschmälert, zumal er die Möglichkeit gewinne, die durchfahrenden Schiffe zu kontrollieren und eine Störung der Minensperre zu verhindern [1]).

Martin, welcher de lege lata die völlige Sperrung einer Meerenge durch Minen im zwingenden Interesse der Landesverteidigung, der Selbsterhaltung des Staates für zulässig hält [2]) tritt unter anderem gegen die Bewertung der japanischen Maßregeln durch *Schücking* und *Wetzstein* auf. Die Vorkehrungen Japans seien in dem einen konkreten Fall ohne Schaden für die japanischen Interessen durchführbar gewesen; es sei jedoch sehr fraglich, ob die Maßnahmen der Tsugarustraße für andere Meerengen ausreichend wären [3]).

In sehr beachtenswerter Weise spricht sich *Dupuis* [4]) dafür aus, daß der Gebrauch von Minen in den Meerengen, welche zwei freie Meere miteinander verbinden,

---

[1]) a. a. O., S. 35, 36.

[2]) Die Verwendung von Minen in Meerengen, Dissertation Würzburg, 1914, S. 35, 60, 61.

[3]) a. a. O., S. 33, 34.

[4]) Le droit de la guerre maritime d'après les Conférences de la Haye et de Londres, 1911, § 356.

beschränkt, wenn nicht verboten werden sollte. Die Durchfahrt müsse als ein Recht der friedlichen Schiffe aller Flaggen, selbst in Kriegszeiten anerkannt werden, wäre dies auch um den Preis einer Servitut, welche dem Uferstaat auferlegt würde. Diese Servitut sei mit den Verteidigungsnotwendigkeiten der kriegführenden Staaten leicht in Einklang zu bringen. Einesteils müsse genau bestimmt, definiert und abgegrenzt werden, was unter Meerengen, welche zwei freie Meere verbinden, zu verstehen sei. Es sei nicht notwendig, daß die Durchfahrt in allen Meerengen frei sei; es genüge, wenn sie es in jenen sei, „où il est indispensable, sous peine de supprimer une route commerciale fréquentée". Wo mehrere benachbarte Meerengen vorhanden sind, sei die Offenhaltung einer von ihnen ausreichend. Damit seien die Einwendungen, wie sie beispielsweise von Japan auf der Zweiten Haager Friedenskonferenz gegen das Verbot des Minenlegens in Meerengen vorgebracht worden sind, gegenstandslos. Andererseits ginge es, indem man die Zahl der mit einer Servitut belasteten Meerengen reduzierte, nicht, wenn den Kriegführenden die Verpflichtung auferlegt würde, zur Verteidigung solcher Meerengen nur elektrische Minen zu verwenden oder doch wenigstens die Strasse nicht ganz mit automatischen Minen zu sperren und Lotsen bereit zu stellen, damit den teilweise ausgelegten Minen ausgewichen werden könne.

Wehberg [1]) ist der Meinung, dass es Verhältnisse gebe

---

[1]) Das Seekriegsrecht, Handbuch des Völkerrechts, herausg. v.

in denen eine völlige Sperrung einer Meerenge nicht zu vermeiden ist, wie zum Beispiel bei der Schliessung der Dardanellen. Ein kühner und mit grossen Seestreitkräften versehener Angreifer werde unter Umständen auch eine Minensperre trotz gewaltiger Verluste zu durchbrechen suchen. Man könne einem Staat, für dessen Selbsterhaltung die Verhinderung der Durchfahrt ein Lebensinteresse bedeute, das Recht nicht verweigern, die Minensperre in so scharfer Weise durchzuführen, dass eine Durchbrechung ausgeschlossen ist. Die Staatengemeinschaft werde durch die Erlaubnis absoluter Minensperre nur in ihrer Schiffahrt geschädigt, der kriegführende Staat aber könne dadurch vor Untergang bewahrt werden. Der richtige Weg zur Lösung des Problems liege in der Neutralisierung der Meerengen. Jedoch sei nur in seltenen Fällen die Lage der Meerengen so, dass ihre absolute Sperre durch ein Lebensinteresse der Kriegführenden geboten sein kann. Bei den Dardanellen hält dies der Autor für zweifellos, im übrigen aber seien die Verhältnisse doch meist andere. Beispielsweise würde eine absolute Sperre des Kanals zwischen England und Frankreich niemals gerechtfertigt sein. Daher seien die *Schücking'schen* Vorschläge wohl realisierbar, nur müsse man für jene Meerengen, welche, wie die Dardanellen, eine besondere Lage haben, Ausnahmen festsetzen. Vorbedingung hiefür sei eine besondere Prüfung der Lage der einzelnen Meerengen.

Neben der rein oder vorwiegend juristischen Litera-

Stier-Somlo, IV. Band, 1. u. 2. Abteilung, Besonderer Teil, 1915, S. 86, 87; auch in der Zeitschrift für Völkerrecht, VIII (1914), S. 537.

tur ist weiter die politische zu erwähnen. Namentlich von pazifistischer Seite ist die Lösung der Meerengenfrage im Sinne der Verkehrsfreiheit wiederholt ganz allgemein gefordert worden. So hat beispielsweise *Den Beer Poortugael* in seinem Buche Le droit des gens en marche vers la paix et le guerre de Tripoli 1912, mit dem Satze „Tout la monde pour tout le monde" die Niederreissung aller Sperren und Barrieren gefordert, und er hat dies insbesondere auch auf Meerengen bezogen [1]). *Morel,* Truth and War, 1916, verlangt unter anderem eine Ersetzung der englischen Meeresbeherrschung durch eine internationale Kriegsflotte und internationalen Meerengenbesitz. Diese Beispiele könnten leicht vermehrt werden.

In Anbetracht all der erwähnten, in der Theorie und Praxis herrschenden Unklarheiten, Unsicherheiten und Unvollkommenheiten des Rechtszustandes ist es von umso grösserer Bedeutung, dass wenigstens für besonders wichtige Meerengen einzelne Fragen oder Fragenkomplexe durch spezielle Verträge ausser Streit gestellt worden sind. Dies ist denn auch in mehrfacher Hinsicht geschehen. Die wichtigsten hieher gehörigen Verträge sind:

Der Londoner Meerengevertrag vom 13 Juli 1841 zwischen Preussen, Oesterreich, Frankreich, England, Russland und Sardinien betreffend die Schliessung der Dardanellen und des Bosporus.

Art. 10 und Anhang I des Pariser Friedens vom 30 März 1856.

[1]) Die Friedenswarte, XIV, 1912, S. 204, 205.

Art. 2 des Londoner Vertrags vom 13 März 1871 1871 zwischen den Unterzeichnern des Pariser Friedens.

Art. 63 der Berliner Kongressakte.

Art. 5 des Vertrags vom 23 Juli 1881 zwischen Argentinien und Chili über die Magellanstrasse.

Art. 7 des englisch-französischen Vertrags vom 8 April 1904 über Aegypten und Marokko, betreffend die Meerenge von Gibraltar.

Art. 6 des französisch-spanischen Marokkovertrags vom 27 November 1912, betreffend die Meerenge von Gibraltar.

Die Deklaration der drei skandinavischen Staaten vom 21. Dezember 1912 über deren Neutralität im Seekrieg, welche im Punkt 1c) des I. Kapitels der vereinbarten Neutralitätsregeln Bestimmungen über den Sund, den Grossen und den Kleinen Belt traf.

Schon ein ganz flüchtiger Ueberblick über die Rechtsquellen zeigt, dass die ganze Materie bisher nur zu einem sehr kleinen Teil durch Verträge geregelt war, und dass auch diese Regelung nicht zureichte, weil sie einerseits sachlich lückenhaft und unvollkommen war, anderseits nur partikulares, zwischen zwei oder einigen Staaten vereinbartes, dritte Staaten nicht bindendes Recht darstellte.

B. Ein zweiter Fragenkomplex ergibt sich durch die Schaffung künstlicher Wasserstrassen, welche Teile des mare liberum miteinander verbinden. Hier stösst das Verkehrsinteresse nicht bloss auf Hoheitsrechte, sondern auf die volle Gebietshoheit des Staates, dessen Gebiet die Wasserstrasse durchschneidet, wobei noch besondere Komplikationen daraus entspringen können, dass andere Staaten finanziell oder technisch an dem Bau der Wasserstrasse beteiligt waren oder in der Folge an deren Erhaltung und Verwaltung beteiligt sind. Es kann nun nach den Grundsätzen des Völkerrechtes über die Gebietshoheit schwerlich ein Zweifel darüber obwalten, dass ein Staat in der Herrschaft über die künstlichen Wasserstrassen seines Gebietes völkerrechtlich nur dann und nur so weit beschränkt ist, als er solche Beschränkungen vertragsmässig auf sich genommen hat. Das Mittel, dem internationalen Verkehr ähnliche Rechte auf die „unbedingte" Benützung einer künstlichen Wasserstrasse sicherzustellen, wie solche unbedingte Durchfahrtsrechte bezüglich der Meerengen bestehen, ist daher die Internationalisierung des Kanales durch einen völkerrechtlichen Vertrag. Würde man einen allgemeinen Grundsats des Völkerrechtes anerkennen oder schaffen wollen, wonach etwa jeder Kanal, der Teile des offenen Meeres miteinander verbindet, ohne einen solchen Vertrag, gewissermassen ipso jure ganz oder in gewissen Richtungen der Gebietshoheit des Staates, auf dessen Gebiet er liegt, entzogen wird, so könnte dies in der Folge zu den schwersten Konflikten führen und würde voraussichtlich den Bau solcher Wasserstrassen überaus erschweren, wenn nicht gar verhindern.

Das vorliegende Referat kann daher nur die durch besonderen Vertrag internationalisierten Kanäle in den Bereich der Erwägungen mit einbeziehen.

Internationalisierte Kanäle komen heute nur zwei in Betracht, der Suezkanal und der Panamakanal. Hierbei sind auch die Trajekte über den Nicaraguakanal zu erwähnen. Die wichtigsten bezüglichen Verträge sind:

Der Vertrag der Vereinnigten Staaten von Amerika mit Neu-Granada vom 12 Dezember 1846 über die Durchfahrt durch die zu schaffenden Wasserwege durch den Isthmus von Panama;

Der *Clayton-Bulwer*-Vertrag vom 19 April 1850, zwischen Grossbritannien und den Vereinigten Staaten über den Panamakanal;

Der Suezkanalvertrag vom 29 Oktober 1888;

Der erste (nicht ratifizierte) *Hay-Pauncefote*-Vertrag vom 5 Februar 1900 zwischen Grossbritannien und den Vereinigten Staaten über den Panamakanal;

Der zweite, ratifizierte *Hay-Pauncefote*-Vertrag vom 18 Novenber 1910 zwischen England und den Vereinigten Staaten über den Panamakanal;

Der *Hay-Varilla*-Vertrag vom 18 November 1903 zwischen den Vereinigten Staaten und Panama betreffend die Gebietshoheit im Bereich des Panamakanals.

Art. 6 des englisch-französischen Vertrags vom 8 April 1904 über Aegypten und Marokko, betreffend den Suezkanal.

Der Vertag vom 8 Februar 1913 zwischen den Vereinigten Staaten und Nicaragua über den Nicaraguakanal.

II. Infolge der zersplitterten und unzureichenden Regelung des Rechtes der Meerengen und internationalisierten Kanäle sind nun verschiedene Bestrebungen aufgetreten, welche entweder eine allgemeine internationale Normierung des ganzen Rechtsgebietes oder doch Ergänzung der bestehenden Rechtsquellen verlangten.

So hat beispielsweise schon die Assemblée générale de la Ligue de la Paix et de la Liberté in ihrer am 16 September 1883 zu Genf gefassten Resolution über die Neutralisierung der skandinavischen Staaten gefordert, dass ein internationaler Kongress unter anderen das Recht der Meerengen,welche die Nordsee mit der Ostsee verbinden, einer Regelung unterwerfe. Es sollte die damals verlangte Neutralisation der drei skandinavischen Staaten insbezondere auch zum Gegenstand haben:

„Deuxièmement, d'assurer en tout temps, même en temps de guerre, à tout bâtiment de commerce ou de guerre, quelque soit son pavillon, belligérant ou non, la pleine liberté de passer de la mer du Nord dans la Baltique et vice-versa, isolément ou en flotte." Der Sund und der Kleine Belt sollten den Kriegsschiffen Kriegführender geschlossen, allen übrigen Schiffen zu jeder Zeit offen sein. Der Grosse Belt sollte zwar allen Schiffen zu jeder Zeit offen stehen, es sollte aber diesen Schiffen auf den Gewässern und an den Küsten dieser Meerenge sowie innerhalb einer Kanonenschussweite vor der Einfahrt und nach der Ausfahrt jeder Akt der Feindseligkeit wie überhaupt jedes „fait de guerre" verboten sein. Der Beitritt zu der geforderten Konvention sollte allen Staaten Europas offen gelassen werden.

In ähnlichem Sinne hat sich der internationale Friedenskongress zu Bern, einberufen von der International Arbitration and Peace Association, am 6 August 1884, der erste skandinavische Friedenskongress zu Göteborg am 19 August 1885, der erste Allgemeine Friedenskongress am 26 Juni 1889 ausgesprochen. Später hat dann der vierzehnte Allgemeine Friedenskongress nochmals gleiche Forderungen gestellt.

Es würde viel zu weit führen, wenn hier versucht werden sollte, alle Wünsche und Beschlüsse aufzuzählen, welche in verschiedenen Körperschaften und Versammlungen über internationale Wasserstrassen zum Ausdruck gekommen sind. An den Arbeiten dreier Körperschaften beziehungsweise Versammlungen kann jedoch hier nicht vorübergegangen werden. Es sind die Arbeiten des Instituts für internationales Recht, der Zweiten Haager Friedenskonferenz und der Interparlamentarischen Union.

A. Das Institut für internationales Recht fand Anlass, sich mit dem Gegenstande näher zu befassen, als es 1894 zu Paris die Definition und die Rechtsverhältnisse der Küstengewässer behandelte [1]). Es beantragte nämlich in der dritten Kommission der Berichterstatter *Barclay* die Aufnahme der folgenden Bestimmungen in den in Beratung stehenden Vertragsentwurf:

Art. 10 Cet article ne concerne que les détroits dont l'écart n'exède pas douze milles.

Les dispositions des articles ci-dessus (nämlich

[1]) Annuaire de l'Institut de droit international, XIII (1894—1895), S. 125ff.

über die Rechtsverhältnisse im Küstengewässer) s'y appliquent sauf les modifications et distinctions suivantes:

1° ....

(betrifft die Ausdehnung der beiderseitigen staatlichen Hoheitsrechte bis zur Mittellinie)

2°. Les détroits dont les côtes appartiennent au même Etat et qui sont indispensables aux communications maritimes entre deux ou plusieurs Etats autres que l' Etat riverain, font partie de la mer territoriale du riverain quelque soit le rapprochement des côtes.

3° Les détroits dont les côtes appartiennent au même Etat mais qui, par le fait, ne communiquent qu'avec cet Etat et ont une largeur plus ou moins semblable à celle des rivières, sont assimilées à celles-ci" [1]).

Zu den Unterscheidungen des zweiten Absatzes bemerkte der Antragsteller, sie entsprächen der geltenden internationalen Praxis [2])), als Beispiele für Punkt 3 führt er den Solent (zwischen der Insel Wight und der britischen Insel) und die Menai-Strasse (zwischen der Insel Anglesey und der britischen Insel) [3]) an.

In der Plenarsitzung vom 29. März 1894 wurden nun zunächst die beiden ersten Sätze in einen zusammengezogen, welcher lautete:

„Les dispositions des articles précédents s'appliquent aux détroits dont l'écart n'exéde pas douze

---

[1]) a. a. O., S. 161, 162.

[2]) a. a. O., S. 161, Anm. 2.

[3]) a. a. O., S 162, Anm. 1.

milles, sauf les modifications et distinctions suivantes." [1])

Zu Punkt 2 (bezw. 3) des zweiten Absatzes bemerkte *Ed. Rolin*, der Wortlaut könnte so aufgefasst werden, als ob die Schliessung von Meerengen zwischen zwei freien Meeren als zulässig anerkannt würde. Er beantragte daher folgende Fassung:

„Les détroits qui servent de passage habituel d'une mer libre à une autre ne peuvent jamais être fermés."

Dieser Text wurde angenommen [2]). In der Sitzung vom 31 März 1894 wurde er nochmals geändert und lautete in der endgültig beschlossenen Redaktion:

„Les détroits qui servent de passage d'une mer libre à une autre mer libre ne peuvent jamais être fermés."

In dieser Form erfolgte die Annahme ohne weitere Bemerkungen [3]).

Um keinen Zweifel darüber aufkommen zu lassen, dass schon bestehendes jus speciale über einzelne Meerengen unberührt bleibe, wurde im Art. 11 ausgesprochen:

„Le régime des détroits actuellement soumis à des conventions ou usages spéciaux demeure réservé." [4])

In der Session von Gent 1906 wurde in der Plenarsitzung vom 25 September gelegentlich der Beratung einer Regelung des Gebrauchs von Unterseeminen [5]) auf einen übrigens nicht näher begründeten

---

[1]) a a O, S 320

[2]) a a O, S 321.

[3]) a. a. O., S. 327, 328, 331.

[4]) a. a. O., S. 327, 331.

[5]) Annuaire de l'Institut de droit international, XXI (1906), erschienen 1907, S. 330ff.

Antrag *Kaufmann's* [1]), dem sich *Ed.Rolin* anschloss [2]), einstimmig ausgesprochen, dass den neutralen Staaten verboten sein solle, in Meerengen, welche in ein offenes Meer führen, automatische Kontaktminen zu legen. Der beschlossene Text, welcher vom Antrag *Kaufmann* nur ganz unwesentlich abwich, lautete: „Mais les Etats neutres ne peuvent placer de telles mines dans le passage des détroits qui conduisent dans une mer ouverte" [3]).

Die Session von Florenz, 1908, sah sich vor die Aufgabe gestellt, diesen Beschluss zu den Ergebnissen der Haager Konferenz in Beziehung zu setzen. Auf Vorschlag des Berichterstatters *E. Rolin* wurde jener Text unverändert als Abs. 2 an den Artikel 6 der Florentiner Resolution angefügt, welcher den neutralen Mächten bezüglich des Minenlegens vor ihren Küsten die Beobachtung der Regeln für Kriegführende auferlegte [4]).

Die Resolution von Florenz war als Grundlage für einen Bericht und für weitere Beratungen gedacht [5]). Diese wurden der folgenden Session, zu Paris 1910, vorbehalten.

Es wurden nunmehr in der vierten Kommission des Instituts eingehende Vorarbeiten durchgeführt. Die Kommission entschied sich auf mehrfache Anregung, namentlich seitens *A. Rolin's* [6]), dafür, in Interesse der

---

[1]) a. a. O., S. 340.
[2]) a. a. O., S. 341.
[3]) a. a. O., S. 341, 345.
[4]) a. a. O., XII, S. 225.
[5]) a. a. O., 223.
[6]) a. a. O., XXIII (1910) S. 194.

friedlichen Schiffahrt eine Ausdehnung der Rechtspflicht, welche in den Resolutionen von Gent und Florenz nur den Neutralen zugedacht war, auch auf die kriegführenden Staaten auszudehnen, Es wurde daher Art. VI Abs. 2 des Florentiner Entwurfes gestrichen, dem Art. IV des Kommissionsprojektes, welcher die Minenblockade der Küsten und Häfen des Gegners verbot, der folgende Text als Absatz 2 hinzugefügt: „Il est également interdit de placer des mines automatiques de contact dans le passage des détroits qui conduisent dans une mer ouverte" [1]).

In der Plenarsitzung vom 2 April 1910 beantragte *Kaufmann*, diese Bestimmung nur für die Neutralen festzusetzen, wie dies dem Beschluss von *Gent* entsprach, dagegen die Rechte und Plichten der Kriegführenden besonders zu regeln. Der von ihm vorgeschlagene Text lautete:

„a) Il est interdit aux Etats neutres de placer des mines automatiques de contact dans les détroits qui constituent la seule ou la principale communication entre deux mers ouvertes.

b) L'Institut de Droit international recommande de régler par des Conventions spéciales le régime qui, dans le cas ou un des Etats limitrophes est belligérant, doit être observé pour chacun des différents détroits libres important le plus au commerce mondial." [2]).

Es kam jedoch zu keinen sachlichen Beschlüssen, vielmehr wurde die Behandlung der Meerengenfrage wegen Zeitmangels einem späteren Zeitpunkte vorbe-

---

[1]) a. a. O., 190, S. 194, 203.

[2]) a. a. O., 456.

halten [1]). Tatsächlich wurde die Frage des Minenlegens in Meerengen schon in der Vollversammlung des Instituts zu *Madrid* am 17 April 1911 neuerdings aufgeworfen, aber auch hier einem späteren Zeitpunkt vorbehalten [2]).

Hingegen sind die Arbeiten des Instituts aus den Jahren 1909 und 1910 zunächst noch in einer anderen Richtung zu erwähnen.

1909 wurde in der dritten Kommission die Erörterung der Regeln für die Neutralität im Seekrieg dadurch in Angriff genommen, dass *Dupuis* und *Lapradelle* ein Fragenprogramm an alle Mitglieder richteten [3]). Punkt XII dieses Fragenprogramms lautete:

Un Etat neutre est-il tenu d'interdire le passage dans ses eaux territoriales aux navires de guerre belligérants? A-t-il le droit de l'interdire en totalité ou en partie? S'il a ce droit, peut-il en user même en ce qui concerne les détroits unissant deux mers libres?" [4])

Aus den Antworten sind folgende hervorzuheben:

Holland, Lerh und *Harburger* verneinten den letzten Satz der Frage XII ohne Angabe von Gründen [5]). *Kaufmann* verneint ebenfalls, bezieht die Antwort aber auf „les détroits qui font la principale ou la seule communication entre deux mers libres" [6]) *Kebedgy* antwortet: nein, vorbehaltlich des Rechtes, Minen zu

---

1) a. a. O.. 456, 457, Art. 4 Abs. 2 der Beschlüsse.
2) Annuaire, XXIV, (1911), S. 300, 302 Art. 7 der Beschlüsse.
3) a. a. O., XXIII (1910) S. 23ff.
4) a. a. O., S. 29.
5) a. a. O., S. 139, 144, 149.
6) a. a. O., S. 174.

legen [1]). Ausführlicher äusserten sich *den Beer Poortugael* und *A. Rolin.*

Der erstere wies darauf hin, dass bei grosser Ausdehnung der Küstengewässer, wie dies namentlich in Archipeln, z. B. in Niederländisch-Indien, zutreffe, der Uferstaat die Versorgung der Kriegsschiffe Kriegführender durch Transportschiffe nicht verhindern könne, wenn er nicht berechtigt sei, nach seinem Ermessen und im Verhältnis zu seinen Ueberwachungsmitteln und Kräften Schiffen der Kriegführenden, wenigstens zum Teile, die Durchfahrt durch seine Küstengewässer zu verbieten. Besonders in einem Archipel, wo es naturgemäss eine grosse Anzahl von Wasserstrassen gebe, müsse er das Recht haben, die Durchfahrt durch Meerengen, welche Teile des offennen Meeres miteinander verbinden, mit Ausnahme einer von ihm bezeichneten Durchfahrt, zu verbieten [2]). *A. Rolin* gab der Meinung Ausdruck, dass das Recht der freien Durchfahrt nur für die „routes maritimes indispensables" gelten könne. Daneben gebe es minderwichtige Meerengen „qui ne constituent, en aucune façon, de grandes routes maritimes". Die Zufahrt zu solchen den Schiffen Kriegführender zu verbieten, habe der neutrale Staat das Recht, aber nicht die Pflicht [3]).

Der namens der 3. Kommission von *Dupuis* erstattete Bericht schlug folgende Regelung vor:

„Art. 12 L'Etat neutre n'est pas tenu d'interdire le

---

[1]) a. a. O., S. 176.
[2]) a. a. O., S. 93, 97.
[3]) a. a. O., 93, 94, 169.

passage, dans ses eaux territoriales, aux navires de guerre belligérants et à leur prises.

Il peut l'interdire dans les portions de ces eaux qui sont en dehors des routes maritimes nécessaires à la navigation; il doit le permettre dans les détroits qui constituent le seul moyen de passage d'une mer libre à une autre mer libre" [1]).

Ein Kontravotum *Lapradelles*, welches im Wesentlichen dafür eintrat, dass das freie Ermessen der neutralen Staaten durch genau umgrenzte völkerrechtliche Pflichten ersetzt werde, schlug keine ausdrückliche Regelung der Meerengenfrage, dagegen unter anderen namentlich die folgende Bestimmung vor:

„Art. 4: Dans l'intérêt de sa sécurité personnelle, l'Etat neutre peut fermer celles de ses eaux qu'il juge nécessaire d'interdire aux navires de guerre belligérants, à condition: 1° de réserver ainsi la navigation sans l'arrêter; 2° de déterminer les zones interdites dans le temps de paix; 3° de les fermer aux navires de commerce des belligérants" [2]).

Leider führten die wertvollen Vorarbeiten zu keinem unmittelbaren Ergebnis. Das Institut sah in den Sitzungen zu Paris am 30 und 31 März 1910 von einer Beschlussfassung in merito ab, weil es im Augenblick nicht opportun erschien, die einschlägigen Entscheidungen der Zweiten Haager Friedenskonfernz, welche Aussicht hatten, ratifiziert zu werden, zum Gegenstand einer Diskussion zu machen. [3])

[1]) Annuaire XXIII (1910) S. 94, 98.

[2]) a. a. O., 118, 129.

[3]) a. a. O., 413, 428.

Fauchille hat in seinen Entwurf des Seekriegsrechtes, den er 1912 dem Institut unterbreitete [1]), unter anderem folgende uns interessierende Bestimmungen aufgenommen:

„Art. 1: Théâtre des hostilités. — Les actes d'hostilité ne sont permis que dans la pleine mer, ainsi que dans le territoire maritime et les eaux territoriales des Etats belligérants, y compris les détroits et les canaux, à condition que ces parties de la mer n'aient pas été conventionellement neutralisées."

„Art. 15. Mines sous-marimes. — Il est interdit de placer en pleine mer des mines automatiques de contact, amarrées ou non.

Il est également défendu de placer des mines automatiques de contact dans le pasage des détroits conduisant dans une mer ouverte."

Gegenüber der Formulierung in Art. 1 schlug *Kaufmann* vor:

„Les hostilités ne peuvent avoir lieu ni dans les eaux territoriales des nations neutres, ni dans les parties de la mer conventionellement neutralisées, ni dans les canaux ou détroits affectés d'une semblable neutralité." [2])

A. Rolin sprach sich für die Streichung der Kanäle in Art. 1 [3]), *Beichmann* für die gänzliche Streichung des Art. 1 aus [4]).

Was Art. 15 anbelangt, so sprach sich *Meurer* gegen

---

[1]) Annuaire, XXV, (1912), S 81ff

[2]) a. a. O., S. 143, 208.

[3]) a. a. O., 186, 238.

[4]) a. aí O., S. 186, 227.

das von *Fauchille* vorgeschlagene Verbot des Legens von Minen in Meerengen ebenso wie im freien Meer aus, „denn die Minen seien ein Schutzmittel, auf welches namentlich schwache Staaten nicht verzichten können" [1]). *Beichmann* empfahl den Vorschlag *Kaufmann's* in der Sitzung vom 2 April 1910 [2]). *Bar* trat dafür ein, dass das Legen von Minen in Meerengen ausnahmsweise zum Zwecke der Verteidigung einer sehr wichtigen Stadt zugelassen werden solle, wenn neutrale Schiffe mit genügender Sicherheit passieren können [3]). Er beantragte daher folgende Bestimmung: „Pourtant le placement de mines automatiques dans un détroit est permis comme moyen de défense d'une ville ou forteresse d'une importance très-grande, si l'on fait conduire avec assez de sûreté les navires neutres par un passage non barré par les mines." [4]) *Kaufmann* befürwortete die Streichung des Verbotes des Legens von Minen in Meerengen (Art. 15 Abs. 2) [5]). *Hammarskjold* bemerkt: „Si l'alinéa 1 est conforme aux résolutions de l'Institut, l'alinéa 2 reste toujours réservé et pour cause." [6])

Ein neues Projekt *Fauchilles* [7]) formulierte Art. 1 entsprechend mehrfach vorgebrachten Anregungen folgendermassen:

---

[1]) a. a. O., 189, 223, 224

[2]) a. a. O., 189, 228, 229.

[3]) a. a. O., S. 189, 234, 235.

[4]) a. a. O., S. 235

[5]) a. a. O., S. 209

[6]) a. a. O., S. 263.

[7]) a. a. O., S. 269ff.

„Art. 1. Théâtre des hostilités. - Le théâtre de la guerre maritime comprend:

. . . .

2°. . . . . . les eaux territoriales des belligérants, y compris leurs détroits et leurs canaux maritimes

. . . .

Des actes d'hostilité ne peuvent avoir lieu ni dans les eaux des Etats neutres, ni dans les parties de la mer, les détroits et les canaux conventionellement neutralisés."

Die Bestimmung des früheren Art. 15 Abs. 2 ist mit Rücksicht auf die laut gewordenen Einwendungen weggestrichen. [1]). In der Begründung hiezu [2]) vertritt *Fauchille* seinen früheren grundsätzlichen Standpunkt, nach welchem das Minenlegen in Meerengen zu verbieten wäre. Der Vorschlag *Bar's*, eine minenfreie Fahrrinne offen zu lassen, sei unrealisierbar. Verankerte Minen können sich losreissen. Man könnte höchstens solche Minen gestatten, welche durch das Losreissen unschädlich werden.

Die Verteidigung der Uferstaaten sei jedoch ausreichend gesichert, wenn ihnen die Verwendung *abhängiger* Minen gestattet werde. Es sei daher folgender Absatz 2 des nunmehrigen Art. 23 (im ersten Entwurf Art. 15) zu empfehlen:

„Sauf le respect du droit de souveraineté territoriale et des stipulations conventionelles réglant la situation de certains détroits, il est également défendu de placer des mines automatiques de contact dans le passage des

---

[1]) Art. 23, a. a. O., S. 275.

[2]) a. a. O., S. 332—334.

détroits qui constituent la seule ou la principale communication entre deux mers libres."

Da jedoch das Institut de droit international zu Madrid die Meerengenfrage vorbehalten habe, so habe er diese Stelle nicht in den Entwurf aufgenommen, sondern ziehe es vor abzuwarten [1]).

Was nun den Artikel 1 anbelangt, so ist *Fauchille* später auf seinen ersten Vorschlag zurückgekommen. [2]). Es konzentrierten sich jedoch, wie hier gleich hinzugefügt sei, so wohl die Kommissionsarbeiten als die Plenarberatungen zu Oxford 1913 auf ganz andere Punkte, als diejenigen sind, welche uns hier interessieren [3]). In der endgiltigen Fassung, welche Art. 1 erhalten hat [4]), ist von Meerengen und Kanälen keine Rede. Auch das Verbot des Minenlegens in Meerengen ist in *diesem* Zusammenhang nicht erledigt worden. Art. 23 Abs. 1 des zweiten Entwurfes ist 1913 ohne den Absatz 2 sowohl in der Kommission [5]) als im Plenum (als Art. 20 [6]))ohne Debatte angenommen worden und so auch in die endgiltige Redaktion übergegangen [7]).

Hiegegen war das Legen von Minen in Meerengen Gegenstand *spezieller* Studien. 1912 nahm das Institut dieses zu *Paris* und *Madrid* vorbehaltene Problem wieder auf Am 10 Juli 1912 erstattete *E. Rolin* einen Bericht [1], welcher zunächst untersuchte was unter

[1]) a. a. O., 334.
[2]) Annuaire, XXVI, (1913) S. 183.
[3]) a. a. O., S. 181ff, 506ff, 600ff.
[4]) a. a. O., S. 642.
[5]) a. a. O., S. 227.
[6]) a. a. O., S. 531.
[7]) a. a. O., S. 646.
[8]) Annuaire, XXV, 421ff.

Meerengen zu verstehen sei [1]). *Rolin* schied zuerst die künstlichen Wasserstrassen aus, weil sie entweder der staatlichen Gebietshoheit oder besonderen Verträgen unterliegen. Weiter warf er die Frage auf, wie weit ein Meeresteil sein dürfe, ohne seinen Charakter als Meerenge zu verlieren, ferner wo der Anfang und das Ende der Meerenge und damit die Grenze des Geltungsgebietes des zu schaffenden Meerengenrechtes anzunehmen sei. In beiden Beziehungen sei der Sprachgebrauch in Bezug auf dasjenige, was noch als „Meerenge" beziehungsweise zu einer Meerenge gehörig bezeichnet werden könne, sehr schwankend. Jede Definition sei gefährlich. Es müsse daher der Praxis und besonderen internationalen Verträgen überlassen werden, genauer festzusetzen, welche Meeresteile als Meerengen zu betrachten seien und welche deren Ausdehung sei. Daher sei im Wortlaut des zu schaffenden Reglements jede genaue Definition zu vermeiden, vielmehr lediglich die Anwendbarkeit auf Kanäle auszuschliessen und auf „passages maritimes entre des mers libres" zu beschränken [2]). In der Folge bezeichnet er die Meerengen als „bras de mer servant de passage naturel d'une mer libre à une autre mer libre" [3]).

Der Bericht geht nun zu der Frage über, ob die Rechtssätze über das Minenlegen in Küstengewässern ohne weiteres auf Meerengen übertragbar seien. Dies sei zu verneinen und selbst für jenen Teil der Meer-

[1]) a. a. O., 423ff.
[2]) a. a. O., 424, 425.
[3]) a. a. O., 426.

engen, welcher ins Küstengewässer falle, müsse für die Meerengen im Interesse des Welthandels ein Sonderrecht geschaffen werden. Denn im Welthandel seien ebenso die Neutralen, und zwar gerade um der Verteidigung ihrer Neutralität willen, interessiert, wie die Kriegführenden. Daher sei in Meerengen das Legen von Minen schlechtweg zu verbieten. Es können nur Ausnahmen für solche Meerengen geschaffen werden, welche nicht den Charakter von „passages nécessaires au commerce universel" besitzen, zum Beispiel der St. Georgskanal und der Nordkanal. Hingegen stehe jenes Interesse des Welthandels einer Befestigung der Meerengen durch die Uferstaaten nicht entgegen. Diese Frage sei von der Frage des Minenlegens streng zu scheiden.

Der Bericht schlug vor, in den Entwurf einer Regelung des Minenlegens die folgende Bestimmung aufzunehmen:

„Le placement des mines sous-marimes est interdit en tout temps dans les eaux mêmes territoriales des détroits, c'est à dire dans les bras de mer servant de passages maritimes naturels d'une mer libre à une autre mer libre" [1]).

Ueber diesen Bericht gab *den Beer Poortugael* am 29 Juli 1912 ein schriftliches Gutachten ab [2]). Hier pflichtete er zunächst dem Grundgedanken *E. Rolins* bei, dass die Interessen des freien friedlichen Verkehrs denen der Kriegführung voranzugehen hätten. Allein jene zuerst genannten Interessen heischen nicht die

1) a. a. O., 428.
2) a. a. O., 429ff.

freie Durchfahrt von Kriegsschiffen Kriegführender. Die Erfordernisse des friedlichen Verkehrs müssen vielmehr mit dem Lebensbedürfnis und dem souveränen Recht des Staates auf Selbsterhaltung in Einklang gebracht werden. Einem Staate das Legen von Minen in Meerengen selbst in seinem Küstengewässer zu verbieten, wäre ein so weitgehender Eingriff in dieses Recht, dass er nur gleichzeitig mit einer Garantie gegen den Angriff feindlicher Kriegsschiffe verwirklicht werden könnte. Die für das friedliche Leben der Völker unentbehrlichen Wasserstrassen müssen daher *„neutral"* erklärt werden, dies heisse „inaccessibles en temps de guerre aux navires de guerre d'autres nations que celles en possession des deux côtes." Eine internationale Flotte der neutralen Staaten, schon im Vorhinein organisiert und für diesen Zweck bestimmt, müsse für die Beobachtung jener „Neutralität" sorgen.

Weiter wendet sich *den Beer Poortugael* gegen die Unbestimmtheit des Begriffes der Meerenge im Berichte *E. Rolin's*. Es gebe, namentlich in Archipeln, eine grosse Menge von Meerengen. Der neutrale Staat müsse, schon aus Gründen der Ueberwachung, be-fugt sein, alle bis auf eine, die gewöhnliche Route, zu schliessen. Daher sei an Stelle des von *Rolin* vorgeschlagenen folgender Text in den Entwurf aufzunehmen:

„Le placement des mines sous-marines est interdit, en tout temps, dans les eaux-mêmes territoriales des détroits qui forment un passage nécessaire aux navires de commerce, sur les routes maritimes usitées, d'une mer ouverte à une autre mer ouverte.

Ces détroits jouiront d'une neutralité absolue." [1])

In der Schlussitzung zu Christiania vom 31 August 1912 beantragte *Lapradelle*, das Problem der internationalen Kanäle auf die Tagesordnung der nächsten Session (Oxford 1913) zu setzen [2]). Der Vorschlag wurde angenommen und *J. B. Scott* zum Berichterstatter bestellt [3]). Leider kam es 1913 zu einer Behandlung der Frage nicht. Dagegen befand sich auf der Tagesordnung der nächsten Tagung unter anderen auch der Punkt „Placement de mines sous-marines dans les détroits. Réglementation". Die Tagung hätte zu München im August 1914 stattfinden sollen [4]). In Wirklichkeit ist es anders gekomen.

B. Die zweite Haager Konferenz, welche bekanntlich im VIII. Abkommen die Legung von unterseeischen selbsttätigen Kontaktminen behandelt hat, erörterte gelegentlich der Beratungen über diese Materie auch das Minenlegen in Meerengen [5]).

Die erste Unterkommission der dritten Kommission erörterte in der ersten Sitzung vom 27 Juni 1907 die Frage, ob das Minenlegen örtlich beschränkt werden solle. Hiebei wurde von *Röell*, dem Vertreter der Nie-

---

[1]) a. a. O., 431.

[2]) a. a. O , 677, 678

[3]) a. a. O., 679.

[4]) a. a. O., XXVI, 687, 689.

[5]) Vgl. auch statt Vieler die Uebersichten von *Rocholl*, Die Frage Minen im Seekrieg, 1910. S. 48ff.; *Wetzstein*, Die Seeminenfrage im Völkerrecht, 1909, S. 33ff; *Berg*, Die Seeminen im Krieg, 1910, S. 47ff.; *Dupuis*, Le droit de la guerre maritime d'après les Conferences de la Haye et de Londres, 1911, insb. § 307; *Schücking*, Das Recht, XVI (1912), No. 10. S. 298ff; *Martin*, Die Verwendung von Minen in Meerengen, 1914, S. 10ff.

derlande, ein Zusatz zu dem in Diskussion stehenden englischen Entwurf, und zwar als Art. 4 Abs. 3, beantragt, welcher lautete: „En tous cas les détroits qui unissent deux mers libres ne peuvent pas être barrés" [1]). *Röell* erklärte diesen Antrag dahin, dass mit ihm lediglich bezweckt sei, den Neutralen das Recht der Durchfahrt durch solche Meerengen zu sichern, welche zwei freie Meere mit einander verbinden, Meerengen, welche nicht gänzlich gesperrt werden dürfen. In der Theorie bezweifle niemand, dass, abgesehen von den Fällen spezieller Konventionen, in den Meerengen, welche zwei freie Meere verbinden eine Durchfahrt frei gelassen werden müsse.

Es sei aber wichtig, diesen Grundsatz durch einen Vertrag festzulegen, welcher klar ausspräche, dass diese Meerengen nicht gesperrt werden dürfen, ohne dass der friedlichen Schiffahrt eine Verbindung frei bleibe. Es sei selbstverständlich, dass der Uferstaat Bedingungen für die Durchfahrt statuieren könne, beispielsweise durch Beigabe eines Lotsen für die passierenden Schiffe. Selbstverständlich sei es, dass die Meerengen, welche in ein geschlossenes Meer führen, ausgeschlossen seien. *Röell* schloss seine Ausführungen mit den Worten: „Une règle est necessaire; si l'on s'abstenait de formuler une, la situation serait intenable et l'absence de toute stipulation donnerait lieu à des récriminations et à des disputes, que, à tout point de vue, il faut tâcher d'écarter." [2])

---

[1]) Deuxième Conférence internationale de la paix. Actes et documents. III, S. 406, 439, 661, 662, Vgl. auch a. a. O., S. 523

[2]) a. a. O., S. 406.

Dieser Antrag wurde mit anderen Anträgen einem Prüfungsausschuss (Comité d'Examen) überwiesen [1]. Hier wurde ihm die Fassung gegeben: „Dans aucun cas la communication entre deux mers libres ne peut être barrée entièrement; mais le passage ne sera permis qu'aux conditions, qui seront indiquées par les autorités compétentes" [2].

Gegen den holländischen Vorschlag wandte *Keiroku Tsudzuki* namens Japans schon in der Unterkommission ein, dass eine derartige Regelung den geographischen Verhältnissen der Inselmächte nicht entspreche. Die zahlreichen Meerengen, welche die japanischen Inseln von einander trennen, seien ein intergrierender Bestandteil des Staatsgebietes, würden aber trotsdem unter die von Holland beantragte Definition fallen. Die japanische Delegation könne daher nicht zustimmen [3].

Im Prüfungsausschuss wurden Bedenken wegen Eingriffs in die staatlichen Hoheitsrechte im Küstenmeer und wegen der bestehenden besonderen Verträge für einzelne Meerengen laut. Daher wurde der holländische Antrag nach einem vorläufigen Meinungsaustausch noch durch den folgenden Zusatz ergänzt: „Ces dispositions ne portent aucune atteinte aux règles établies par les traités existants, ni aux droits de la souveraineté territoriale." [4])

Trotzdem fand der Antrag eine geteilte Aufnahme.

---

[1]) a. a. O., S. 439.
[2]) a. a. O., S. 406.
[3]) a. a. O., S. 531.
[4]) a. a. O., S. 406.

Tsudzuki sprach sich in der Unterkommission dahin aus, Japan könne dem Vorschlag bloss dann zustimmen, wenn er *nur* die Neutralen betreffe, welche ihre Küsten durch Minen verteidigen [1]). Später gab *Shimamura* im Prüfungsausschuss namens der japanischen Delegation eine in einem weiteren Sinne gefasste Erklärung ab, welche nach dem Wortlaut des Berichtes *Streit's* so aufgefasst werden kann, dass Japan schon dann dem Antrag beistimme, wenn dieser sich *auch* auf die Neutralen beziehe. Es sei jedoch unwahrscheinlich, dass die japanischen Meerengen jemals gänzlich für die neutrale Schiffahrt gesperrt werden würden. Japan sei bereit, die folgende Bestimmung anzunehmen:

„Il est désirable que la communication entre deux mers libres ne soit pas barrée entièrement par des mines automatiques de contact. Toutefois, le passage pourra y être soumis à des conditions qui seront décrétées par les autorités compétentes" [2]).

Der Vertreter der Vereinigten Staaten von Amerika *Sperry* erklärte, dass er mit Recht auf die grosse Zahl von Meerengen in den Philippinen, auf die Unsicherheit der Ergebnisse, zu welchen die in Rede stehende Bestimmung führen könnte, und auf die besonderen bereits bestehenden Verträge über einzelne Meerengen an der Diskussion nicht teilnehmen könne, zumal der Gegenstand die Grenzen seiner Instruktion überschreite [1]).

---

[1]) a. a. O., S. 532.
[2]) a. a. O., S. 407.
[3]) a. a. O., S. 407.

Namens der türkischen Delegation gab *Turkhan Pascha* die folgende Erklärung ab, welche er später in der dritten Kommission [1]) und schliesslich in der 8. Plenarsitzung vom 9 Oktober 1907 [2]) wiederholte:

„La Délégation Impériale Ottomane croit de son devoir de déclarer qu'étant donné la situation exceptionelle créée par les traités en vigueur aux détroits des Dardanelles et du Bosphore, détroits qui sont partie intégrante du territoire, le Gouvernement Impérial ne saurait, d'aucune façon, prendre un engagement quiquonque tendant à limiter les moyens de défense qu'il pourrait juger nécessaire d'employer pour ces détroits, en cas de guerre ou dans le but de faire respecter sa neutralité." [3])

Weiter erhoben sich im Prüfungsausschuss Zweifel über die juristische Tragweite der Formel. Man fragte, welche Meerengen als „unissant deux mers libres" zu betrachten seien und bis zu welchem Punkt die Rechte der Gebietshoheit eine Anwendung des Prinzipes ausschlössen. Die deutsche und die spanische Delegation erklärten ohne Instruktionen zu sein. Im Namen der russischen machte *Behr* geltend, dass die bestehenden Spezialverträge über einzelne Meerengen auf *politischen* Erwägungen beruhen und daher nicht Gegenstand einer Diskussion auf der Konferenz sein können. Es bliebe also nur die Regelung eines Teiles der Meerengen übrig. Zweierlei Recht zu schaffen sei aber inkonsequent und sehr gefährlich und würde

---

[1]) a. a. O., S. 440.
[2]) a. a. O., S. 280.
[3]) a. a. O., III, 407.

eine neue Quelle von Konflikten bilden. Das Problem der Meerengen, welche zwei Meere verbinden, liege daher überhaupt ausserhalb der Zuständigkeit der Konferenz und die russische Delegation könne an der Diskussion und Beschlussfassung über diese Materie nicht teilnehmen. [1])

Infolge all dieser Erklärungen und Vorbehalte beschloss der Prüfungsausschuss einstimmig, in die Regelung keine Bestimmung über die Meerengen aufzunehmen; man begnügte sich damit, „unzweideutig festzustellen („il fut nettement établi"), dass durch die zu fassenden Beschlüsse über das Minenlegen an der gegenwärtigen Rechtslage bezüglich der Meerengen nichts geändert werde [2]).

Diese Feststellung gab *Röell* Veranlassung, später in der Kommission auf die Möglichkeit eines Missverständnisses aufmerksam zu machen. Mit Rücksicht auf diese Feststellung könne nämlich das Fehlen einer besonderen Bestimmung über die Meerengen im beschlossenen Text so aufgefasst werden, als ob die Meerengen von dem *ganzen* Abkommen über die Verwendung von Minen ausgenommen werden sollten [3]), eine Auffassung, nach welcher in Meerengen beispielsweise auch Minen gelegt werden dürften, welche den vereinbarten technischen Vorschriften nicht entsprachen [4]). Es müsse daher ausgesprochen werden, dass die Meerengen „bien et dûment" unter die Stipula-

[1]) a. a. O., S. 407.
[2]) a. a. O., S. 407, 408.
[3]) a. a. O., S. 440.
[4]) Vgl. *Martin*, Die Verwendung von Minen in Meerengen, Dissertation Würzburg, 1914, S. 17.

tionen und Verbote der beschlossenen Normierung fallen. Nach einem Meinungsaustausch einigte man sich schliesslich dahin, dass jener Passus des Berichtes entsprechend modifiziert werden solle [1]. Daher wurde im endgültigen Bericht noch ein Satz hinzugefügt, welcher es als selbstverständlich bezeichnete, dass die technischen Vorschriften allgemeine Anwendung zu finden hätten [2]. Diese Stelle wurde von der Kommission gebilligt [3] und ist auch in den Bericht, den *Streit* namens der dritten Kommission an die Konferenz erstattete, übergegangen [4]. Der Wortlaut ist der folgende:

„Il fut nettement établi que, par les stipulations de la Convention à conclure, rien n'est changé en quoi que ce fût à la situation actuelle des détroits. Toutefois, pour autant que les déclarations précitées ne s'y opposeraient pas, il a été considéré comme naturel que les conditions techniques, établies par ce Reglement seraient d'une application générale."

Der niederländische Antrag hat demnach in der dritten Kommission leider zu keinem positiven Ergebnis geführt.

In der Sitzung der 3. Kommission vom 26 September 1907 wurde seitens Kolumbiens ein Antrag gestellt, welcher, obwohl er das Meerengenproblem nur in einem Punkte berührte, doch für die hier folgenden Ausführungen von grossem Interesse ist, weil er einen

---

1) Actes et documents, III, S. 440, 441, 458.
2) a. a. O., S. 446, 459.
3) a. a. O., 447.
4) a. a. O., I, 293.

neuen und sehr wichtigen Gesichtspunkt in die Debatte brachte. Es wurde nämlich die Aufnahme folgender Bestimmung in den Entwurf vorgeschlagen: „L'emploi des mines automatiques de contact amarrées est absolument interdit excepté comme moyen de défense,

Les belligérants ne pourront se servir des dites mines que pour la protection de leurs propres côtes et seulement jusqu'à la distance de la portée maxime des canons.

Dans le cas des bras de mer ou des passages maritimes navigables conduisant exclusivement aux côtes d'une seule Puissance, cette Puissance pourra barrer leur entrée, pour sa protection, en plaçant des mines automatiques de contact amarrées.

Il est absolument interdit aux belligérants de placer des mines automatiques de contact amarrées en pleine mer ou dans les eaux de l'ennemi" [1]).

Santiago Perez Triana begründete diesen Antrag mit dem Hinweis auf die Notwendigkeit, den Gebrauch eines so mörderischen und heimtückischen Kriegsmittels wie die automatischen Kontaktminen, welchen vollkommen zu unterdrücken unmöglich sei, wenigstens nur auf die Verteidigung zu beschränken. Auch im Verhältnis von Individuum zu Individuum sei ja die Tötung als Mittel der persönlichen Verteidigung gestattet [2]). Der Antrag wurde namentlich seitens Grossbritanniens und China's befürwortet. Hiebei gab die britische Delegation die Erklärung ab, in England

---

[1]) Actes et documents, III, S. 447, 448, 680; I, S. 292.

[2]) a. a. O., S. 448, 449.

sei die Verwendung von Minen selbst zur Verteidigung verboten. Es entspann sich weiter eine Debatte, in welcher namentlich seitens Oesterreich-Ungarns und des Deutschen Reiches auf die Schwierigkeit der Unterscheidung von Angriffs- und Verteidigungsmitteln hingewiesen wurde. In der Abstimmung erhielt der Antrag 16 gegen 15 Stimmen bei 6 Enthaltungen und 7 Absenzen und galt daher, da er nicht die absolute Majorität hatte, als abgelehnt [1]). Für den Antrag stimmten Bolivia, China, Columbien, Cuba, Ecuador, Spanien, Grossbritannien, Guatemala, Haïti, Niederlande, Peru, Persien, Portugal, Salvador, Urugaiy, Venezuela.

Der Bericht der dritten Kommission über das Legen unterseeischer automatischer Kontaktminen wurde der 8. Plenarversammlung der Konferenz am 9 Oktober 1917 vorgelegt [2]), wobei der Berichterstatter *Streit* sowohl über den niederländischen als über den kolumbischen Antrag und deren Schicksale referierte [3]).

In dieser Sitzung wurde der Entwurf einer Konvention über das Legen automatischer Kontaktminen [4]) mit einigen Vorbehalten, so insbesondere einer Erklärung *Turkhan Paschas*, betreffend die Dardanellen und den Bosporus, welche mit dessen früheren Erklärungen übereinstimmte, einhellig angenommen [5]). Da

[1]) a. a. O., S. 450, 451.
[2]) a. a. O., I, S. 277ff.
[3]) a. a. O., I, S. 291—293.
[4]) a. a. O., I, S. 293ff.
[5]) a. a. O., I, S. 280.

in diesem Entwurf die erörterten Vorschläge der Niederlande und Kolumbiens nicht aufgenommen waren, so waren damit diese Anregungen gescheitert.

Noch in einem anderen Zusammenhange kam die dritte Kommission der Haager Konferenz auf die Meerengenfrage zu sprechen, und zwar bei Beratung des Konventionsprojektes über die Rechte und Pflichten der Neutralen im Seekrieg in der zweiten Unterkommission. Hier lag ein grossbritannischer Entwurf vor, welcher im Artikel 30 dem neutralen Staat gestattete, seine Territorialgewässer für einzelne Schiffe oder verschiedene Gattungen von Schiffen gänzlich zu sperren [1]. In der Sitzung der Unterkommission vom 27 Juli 1907 lenkte nun der Erste Delegierte Schwedens *Hammarskjöld* die Aufmerksamkeit auf die Meerengen, welche im Küstengewässer liegen, und erinnerte an den Beschluss des Instituts für internationales Recht, welches schon 1894 ausgesprochen hatte: „Les détroits qui servent de passage d'une mer libre à une autre mer libre ne peuvent jamais être fermés. [2] Wenn Artikel 30 des grossbritannischen Vorschlags angenommen werde, so müsse für die Meerengen eine Ausnahme geschaffen werden, deren Inhalt jenem der erwähnten Resolution des Instituts entspräche [3]. Auf Aufforderung des Präsidenten *Tornielli* formulierte *Hammarskjöld* einen Zusatzantrag, welcher mit dieser Resolution gleichlautend war. Der

---

[1]) a. a. O., III, S. 698.

[2]) Annuaire de l'Institut de droit international, XIII, (1894—95), S. 328, 331.

[3]) Actes et documents, III, S. 586.

Präsident wies nun darauf hin, dass der Fall im Artikel 31 des grossbritannischen Entwurfes vorgesehen sei. Dieser Artikel lautete nämlich: „Aucune des disposition contenues aux articles précédents ne sera interprétée de façon à prohiber le passage simple des eaux neutres en temps de guerre par un navire de guerre ou auxiliaire d'un belligérant." [1]) Daraufhin wurde die Erörterung der Frage bis zur Diskussion über Artikel 32 vertagt [2]).

Diese Diskussion fand in der Sitzung vom 30 Juli statt [3]). Hier machte zunächst *Turkhan Pascha* namens der türkischen Delegation den Vorbehalt, dass angesichts der in Kraft stehenden Verträge über die Dardanellen und den Bosporus, welche integrierende Bestandteile des ottomanischen Gebiets seien, diese Meerengen keinesfalls unter Artikel 32 fallen könnten. Die ottomanische Regierung könne in keiner Weise eine Verpflichtung eingehen, welche darauf abzielte, ihre undiskutablen Rechte auf diese Meerengen zu beschränken. Der Vorbehalt wurde später in der 8. Plenarsitzung der Konferenz vom 9 Oktober 1907 wiederholt. [4])

Auch Japan machte den Vorbehalt, dass es bezüglich der japanischen Meerengen auf keine Verpflichtung eingehen könne [5]).

Der weitere Verlauf der Debatte in der Unterkommission war der folgende.

---

[1]) a. a. O., S. 699.
[2]) a. a. O., S. 586, 587.
[3]) a. a. O., S. 595 ff.
[4]) a. a. O., I, 285.
[5]) a. a. O., I, S. 305.

Der Präsident stellte einen dänischen Vorschlag zur Diskussion, welcher den Art. 32 in der folgenden Weise formulierte: „Aucune des dispositions contenues aux articles précédents ne sera interprétée de façon à prohiber en temps de guerre le passage simple des eaux neutres, unissant deux mers libres par un navire ou navire auxiliaire d'un belligérant [1]).

Vedel begründete diesen Antrag, der übrigens auch von Schweden unterstützt wurde [2]), mit folgenden Erwägungen: Die Anerkennung eines unbeschränkten Rechtes der Durchfahrt der Kriegsschiffe Kriegführender stünde mit dem Recht der Neutralen in Widerspruch, ihre Gewässer zu Verteidigungszwekken zu sperren. Das Minenlegen falle nun zwar in die Kompetenz einer anderen Kommission. Die beiden Probleme seien aber konnex und es bestehe ein Interesse daran, die Hoheitsrechte der Neutralen in ihren Küstengewässern nicht derart zu beschränken, dass ihnen eines der wirksamsten Mittel zur Aufrechterhaltung der Vorschriften der Konvention selbst genommen würde [3]).

Art. 32 wurde nunmehr einem Prüfungsausschuss überwiesen [4]), führte aber zu keinem Ergebnis. Der Austausch der Meiningen, welcher hier stattfand, schien auf der Annahme zu beruhen, dass ein neutraler Staat selbst die einfache Durchfahrt durch begrenzte Teile seiner Küstengewässer verbieten dürfe, aber

---

1) a. a. O., 595, 699.
2) a. a. O., 595.
3) a. a. O. S. 596.
4) a. a. O. S. 596.

dass dieses Verbot sich nicht auf Meerengen erstrecken könne, welche zwei freie Meere mit einander verbinden [1]). Die von Schweden und Dänemark aufgeworfenen Fragen wurden daher nicht ausdrücklich beantwortet und der Berichterstatter *Renault* konnte in seinem Bericht an die dritte Kommission von ihnen sagen, sie wurden unter der Herrschaft des allgemeinen Völkerrechtes beschlossen [2]).

C. Die 16. interparlamentarische Konferenz in Brüssel 1910 hat auf Antrag des deutschen Abgeordneten *Pachnicke* unter Hinweis auf die Regelung der Magellanstrassen-, Suez- und Panamakanalfrage die möglichste Ausdehnung dieser Regelung auf alle interozeanischen Meerengen und Kanäle („à tous les détroits et canaux interocéaniques") im Interesse des internationalen Verkehrs und des allgemeinen Friedens gefordert und eine Kommission zum Studium dieser Frage eingesetzt [3]).

In den Beratungen dieser Kommission zu Paris 1911 [4]) erhob sich gleich zu Beginn der Arbeiten die Frage, ob nur die *interozeanischen* Wasserstrassen im strengen Sinn des Wortes zu behandeln seien, wobei es auf die Auslegung des Wortes „Ozean" an kam. Die Kommission war der Meinung, dass die Erörterung der

---

[1]) a. a. O., I, 305.

[2]) a. a. O., I, 305. Vg. zum Vorhergehenden unter anderen *Dupuis*, Le droit de la guerre maritime d'après les Conférences de la Haye et de Londres, 1911, § 307.

[3]) Annuaire de l'Union interparlementaire, I (1911), 33 u. 65.

[4]) Procès verbaux de la Commission des détroits et des canaux maritimes, (im Folgenden zitiert als Protokolle), I.

skandinavischen und der türkischen Meerengen nicht deswegen auszuschliessen sei, weil die Ostsee und das Schwarze Meer nicht als „Ozean" bezeichnet werden können, verneinte daher einstimmig die aufgeworfene Frage und gab sich, um jeden Zweifel auszuschliessen, den ganz allgemeinen Namen „Commission des Détroits et des Canaux Maritimes" [1]). Später wurde jedoch die Erörterung, was speziell die Kanäle anbelangt, auf die *interozeanischen* Kanäle beschränkt [2]). Die Frage, ob Meerengen und Kanäle in einem *einheitlichen* Vertragsentwurf zu behandeln seien, wurde einstimmig mit nein beantwortet [3]). Auch von der Verfassung eines Mustervertragsentwurfes, welche mit Modifikationen auf die einzelnen Fälle anwendbar wäre, wurde Abstand genommen [4]). Hingegen erklärte sich die Kommission einstimmig dafür, dass bestimmte Meerengen und Kanäle, welche geeignet wären, dem allgemeinen Kriegsrecht, dem „droit commun de la guerre" entzogen zu werden, zum Gegenstand besonderer Studien gemacht werden sollten, zum Zwecke der Ausarbeitung einer Reihe von Sondervertragsentwürfen [5]). Zu dieser mühevollen Arbiet ist die Kommission allerdings später nicht mehr gelangt, bis der Krieg den Arbeiten des Instituts ein vorläufiges Ende machte.

Damit war zunächst die Frage in den Vordergrund gerückt, *welche* Wasserstrassen *überhaupt* im Einzelnen

[1]) Protokolle I, S. 3, 4.
[2]) Prot. I, S. 20, 21.
[3]) Prot. I, S. 4.
[4]) a. a. O., S. 4, 5.
[5]) a. a. O., S. 5.

in Betracht zu ziehen seien. Es wurde eine vorläufige Liste entworfen, welche 23 der wichtigsten Meerengen und 4 Kanäle, nämlich den Kaiser Wilhelmskanal, den Suezkanal, den Kanal von Korinth und den Panamakanal umfasste [1]). Aus diesen Wasserstrassen nun sollten jene einer *speziellen* Regelung unterworfen werden, bei welchen es das allgemeine Handelsinteresse und das Interesse des internationalen Friedens erheischt [2]).

Die Kommission entschied ferner, einstimmig, dass sie auch jene Wasserstrassen zu behandeln habe, deren beide Ufer einem und demselben Staat gehören und dass sie auch eine etwaige Modifikation schon bestehender Verträge in Erwägung zu ziehen habe [3]). Auch dazu ist es später nicht mehr gekommen.

Auf Grund dieser Beschlüsse wurde dann eine „definitive Liste" derjenigen Wasserstrassen entworfen, bei welchen das allgemeine Handelsinteresse und das Interesse des internationalen Friedens nach Ansicht der Kommission eine besondere Regelung erforderte und auf welche sich daher die Studien der Kommission erstrecken sollten.

Diese Liste umfasst:

1). Die Meerengen zwischen der Nord- und Ostsee;

2.) Die Meerenge von Gibraltar;

3.) Die Meerengen von Konstantinopel;

4.) Den Suezkanal (hauptsächlich unter dem Gesichtspunkte der Verbreiterung der neutralisierten Zone);

---

1) a. a. O., S. 6.

2) a. a. O., S. 7.

3) a. a. O.

5.) Die Meerengen von Bab-el Mandeb und Hormuz;

5.) Die japanischen Meerengen;

7.) Die Belle-Isle-Strasse (Newfoundland);

8.) Die Strasse von Juan de Fuca (Vancouver-Island);

9.) Den Panamakanal.

Bezüglich der unter 6 bis 8 genannten Strassen sollten vor allem die interessierten Gruppen darüber befragt werden, ob ein Studium der Frage wünschenswert sei. [1])

In der Sache selbst schloss sich die Kommission den Anträgen des portugiesischen Mitgliedes *Penha Garcia* über eine Reihe allgemeiner Grundsätze an. *Penha Garcia* wurde beauftragt, diese Grundsätze zu formulieren [2]).

Sein diesbezüglicher Bericht umfasst folgende Punkte:

1) Meerengen und Kanäle sind von verschiedener rechtlicher Natur.

2.) Künstliche Kanäle auf dem Gebiete eines Staates unterliegen der Souveränität des letzteren.

3.) Natürliche Meerengen unterliegen dem Grundsatz der Meeresfreiheit, soweit sie nicht in den Bereich der Küstengewässer fallen; soweit dagegen letzteres zutrifft, gelten die Grundsätze der Halbsouveränität oder unvollständigen Souveränität.

4.) Das Interesse des internationalen Handels und des allgemeinen Friedens fordert jedoch, dass unter

---

1) a. a. O., S. 12, 13, Annuaire de l'Union, II (1912), 41.

2) a. a. O., S. 11.

Umständen von diesen allgemeinen Prinzipien abgegangen werde.

5.) Alle Wasserstrassen, welche von ansehnlichem Interesse für den internationalen Handel sind, müssen neutralisiert werden, nicht nur zu gunsten des neutralen Handels in Kriegszeiten, sondern auch im Interesse des Weltfriedens.

6.) Die Neutralisation umfasst: die Freiheit und Gleichheit aller Flaggen bei der Durchfahrt im Frieden und im Krieg und die freie Benützung zu jeder Zeit gemäss den Reglements; die Unzulässigkeit der Blockade der neutralisierten Wasserstrassen; das Verbot jeder kriegerischen Handlung in der neutralisierten Zone; das Verbot der Zerstörung oder Unbrauchbarmachung der Kanäle, Materialien, Einrichtungen und Konstruktionen; endlich die Regelung der Durchfahrt, der Wiederversorgung und des Aufenthaltes von Kriegsschiffen.

7.) Hingegen ist das Verbot der Befestigung nicht im Wesen der Neutralisation gelegen. Es ist jedoch sehr wünschenswert, namentlich für Kanäle, bezüglich welcher es sich mit den Interessen der Verteidigung des Territoriums immer leicht in Einklang bringen lässt.

8.) Für jedes Vertragsgebiet soll eine internationale Ueberwachungskommission nach Art derjenigen, welche durch den Suezkenalvertrag geschaffen worden ist, ins Leben gerufen werden.

9.) Es wäre nützlich, die neutralisierte Zone an den Mündungen der Kanäle auf 5 Seemeilen zu erweitern.

10.) Die Abschaffung des Durchsuchungsrechtes

in dieser Zone wäre gleichfalls sehr wünschenswert.

11.) In der Neutralisierung der Meerengen ist der wesentliche Punkt die Abschaffung des Blockaderechtes.

12.) Es soll verboten sein, in Kriegszeiten die Leuchttürme in den Meerengen und den neutralisierten Kanälen zu verlöschen [1]).

Es wurde nun am 23 Februar 1912 eine Rundfrage an alle Mitglieder der Kommission gerichtet, erstens, ob zu den in die Liste aufgenommenen Wasserstrassen noch andere hinzuzufügen seien, zweitens, welche Aenderungen an den Prinzipien mit Rücksicht auf die Interessen der einzelnen Ländergruppen vorzunehmen seien [2]).

Die eigelaufenen Antworten hatten hauptsächlich folgendes zum Gegenstand:

Von deutscher Seite wurde die Ausarbeitung eines Mustervertrages angeregt, welcher jedoch nicht die Grundlage für einen allgemeinen Vertrag, sondern für Spezialverträge bilden sollte. Unter diesen Verträgen sollten vor allen jene bezüglich der Dardanellen und des Panamakanals erörtert werden, letzterer hauptsächlich mit Rücksicht auf die Frage der Befestigung durch die Vereinigten Staaten. Die Kanäle, welche keinen interozeanischen Charakter haben und von geringer Bedeutung für den Handel sind, wie der Kaiser Wilhelmskanal, sollten nicht Gegenstand der Kommissionsberatung sein.

Die norwegische Gruppe wünschte die Einbeziehung

---

[1]) Prot. S. 8—11, u. 13—15, Annuaire de l'Union, II (1912), 42, 43.

[2]) Prot., II, S. 42.

der Meerengen von Messina und Sunda in die Studien der Kommission und betonte die Wichtigkeit der Neutralisation der Meerengen zwischen der Nord- und der Ostsee.

Niederländischerseits wurde der Ueberzeugung Ausdruck gegeben, dass die Neutralisation einer Wasserstrasse nicht die Pflicht der Uferstaaten in sich begreife, ausserhalb der Küstengewässer die Respektierung dieser Neutralität durch die Kriegführenden zu erzwingen.

Die japanischen Delegierten fassten eine Resolution, welche die Neutralisierung der vier japanischen Meerengen als unannehmbar bezeichnete und den Wunsch aussprach, die Interparlamentarische Union möge vor Beginn jeder Diskussion diese vier Meerengen von der Liste streichen. Es handelte sich um folgende vier Wasserwege: die Strasse von Korea, die Strasse von Shimonoseki (zwischen Kiushiu und Nippon), die Strasse von Tsugaru (zwischen Nippon und Yezo) und die La Pérouse-Strasse zwischen Yezo und Sachalin. Bezüglich der Strasse von Tsugaru beriefen sich die Delegierten auf ein im russisch-japanischen Krieg geschaffenes Präjudiz, indem Japan damals seine Hoheitsrechte unwiedersprochen ausgeübt habe, bezüglich der Strasse von Shimonoseki auf den Umstand, dass diese Meerenge nicht die einzige Verbindung zweier freier Meere sei, auf die geringe Breite der Strasse (weniger als 3 km), auf die Aehnlichkeit der Verhältnisse mit jenen bezüglich des Kanals von Kiel und auf die enormen Kosten, welche Japan der Schutz der Meerenge verursache. Hinsichtlich der beiden anderen Meerengen wurde geltend gemacht, dass sie eine Zone freien Meeres umfassen, innerhalb welcher einerseits die Interessen des Verkehrs nach den Grundsätzen der Meeresfreiheit ohnedies gewahrt seien, anderseits aber Japan auf das Recht der Blockade und der Durchsuchung von Schiffen nicht verzichten könne. Auch im Küstengewässer der beiden Meerengen könne Japan keine weitergehende Einschränkung seiner Hoheitsrechte anerkennen als jene, welche sich aus der „servitude internationale du droit de pasage inoffensive" des allgemeinen Völkerrechtes ergibt. Darüber nur aus dem Grunde, weil es sich um eine Meerenge handle, und ohne „motifs spéciaux" hinauszugehen, sei durchaus unerlaubt und ein Attentat auf die Souveränität des Staates.

Die Deklaration schliesst mit dem Ausdruck der Ueberzeugung, die Kommission werde nicht zulassen, dass ein Staat zum Nutzen anderer geschädigt werde. Eine Spanische Erklärung sprach sich gegen die Schliessung der Dardanellen und für die Neutralisation aller Meerengen und Kanäle aus, da der Zugang zu neutralen Häfen und Küsten stets frei bleiben müsse, ferner für die Redaktion eines Musterprojektes über die Neutralisierung der Meerengen und Kanäle, welche mit den Deklarationen und Wünschen den verschiedenen Parlamenten übermittelt werden sollte [1]).

Eine weitere Einwendung wurde in der Kommissionsberatung selbst, welche 1912 zu Genf stattfand, vorgebracht. Der türkische Delegierte *Bustany Effendi* verlangte namens seiner Gruppe, die Kommission mö-

[1]) Prot., II, S. 44—47.

ge die Meerengen von Konstantinopel, da sie ebenso in den Bereich dero ttomanischen Souveränität fallen, wie die japanischen Strassen in den Bereich der Souveränität Japans, aus der Diskussion ausscheiden; anderenfalls könne Redner der Sitzung nicht beiwohnen [1]. Später formulierte er seinen Wunsch dahin, man möge die politischen Probleme aus der Diskussion ausschliessen und sich auf das Studium der kommerziellen Interessen beschränken [2].

Der rumänische Delegierte *Dissesco* trat den türkischen Einwendungen mit der Behauptung entgegen, dass es sich nicht um einen Eingriff in die türkische Souveränität sondern um das Studium eines grossen internationalen Problems handle. Hiegegen würde es dem allgemeinen Interesse des Weltverkehrs widersprechen, wenn die Verbindung des Schwarzen Meeres mit dem Mittelmeer gesperrt werden dürfe. Weiter wies *Dissesco* auf das Problem hin, welches daraus entstehe, dass Handelsschiffe nach der Durchfahrt in Kriegsschiffe umgewandelt werden. Dies sei eine der wichtigsten Fragen. Ess ei anzustreben, dass alle Meerengen und Kanäle von internationaler Bedeutung („ayant une importance universelle") „immunisiert" werden, aber geschützt gegen jeden kriegerischen Angriff und dem Kriegsrecht gänzlich entzogen. Schliesslich trat der Redner für die Ausarbeitung eines Mustervertrages über die Neutralisation der Meerengen und Kanäle ein [3].

---

1) a. a. O., S. 48.
2) a. a. O., S. 52.
3) a. a. O., S. 48, 49.

Penha Garcia (Portugal) beleuchtete die Frage der Meerengen und Kanäle in wirtschaflicher Hinsicht, indem er sich auf verkehrsstatistische Daten stützte, und ging an der Hand von Zitaten auf die im Völkerrecht herrschende Lehre über die juristische Seite des Problems ein. Der schwierigste Gesichtspunkt sei jedoch der politische. Man müsse zuerst den Bereich des Möglichen abstechen und dann etappenweise vorgehen, indem man zuerst jene Fragen herausgreife, welche schon jetzt eine Lösung gestatten, und nach und nach eine Verständigung über alle anderen Probleme zu erreichen trachten. Eben um dies zu ermöglichen, müsse die Frage vollständig studiert werden. Eine Trennung des politischen vom kommerziellen Problem sei undurchführbar [1]).

Van Doorn (Niederlande) hob hervor, dass Interessengegensätze sich hauptsächlich bezüglich der einzelnen Fälle, nicht aber hinsichtlich der allgemeienn Grundsätze ergeben. Daher wäre es vorteilhaft, mit der Abfassung eines allgemeinen Mustervertrages zu beginnen [2]).

Umgekehrt sprach sich *Kovalevsky* (Russland) dafür aus, dass mit dem Studium der einzelnen Fälle, aber unter Ausschaltung der politischen Seite, begonnen werde. Denn ein vorheriges Festlegen allgemeiner Grundsätze berge die Gefahr, dass man später von ihnen abgehen müsse.

Dissesco warf die Frage auf, ob nicht den türkischen

---

[1]) a. a. O., S. 50—52.

[2]) a. a. O., S. 53.

und russischen Wünschen nach Eliminierung der politischen Fragen dadurch Rechnung getragen werden könne, dass man das Studium auf die Regeln für die Durchfahrt von *Handelsschiffen* beschränke. Diese Anregung wurde von *Kovalevsky* unterstützt. Demgegenüber wies der Generalsekretär *Lange* darauf hin, dass es sich ja nur um vorläufige Studien handle, an denen auch der türkische Delegierte teilnehmen könne, ohne sein Parlamen toder gar seine Regierung zu binden [1]).

Man einigte sich schliesslich zum Zwecke der Erledigung sämtlicher vorgebrachten Einwendungen auf die von *Lange* vorgeschlagene Formulierung folgender zwei Fragen:

1.) Soll die Kommission mit der Ausarbeitung eines Mustervertrages beginnen oder soll sie unmittelbar in die Erörterung der besonderen Fälle eintreten?

2.) Sollen die Studien der Kommission sich auf die Regeln für Kriegsschiffe in den Meerengen und Kanälen erstrecken? [2]).

Die Kommission besloss, nachdem sich auch noch *Beckmann* (Schweden) in diesem Sinne ausgesprochen hatte, einstimmig, zuerst einen Mustervertrag auszuarbeiten. Was die zweite Frage anbelangt, wies *Penha Garcia* darauf hin, dass sie nur bezüglich der türkischen Meerengen schwierig sei. Die Kommission entschied sich dafür, die Regeln für Kriegsschiffe einzubeziehen [3]). *Penha Garcia* wurde mit der Verfassung

---

[1]) a. a. O., 53, 54.
[2]) a. a. O., S. 54.
[3]) a. a. O., S. 55.

der Verfassung des Vertragsentwurfs betraut [1]. Das von diesem Mitgliede erstattete eingehende und ausgezeichnete Referat [2]) wurde der dritten Versammlung der Kommission am 8 Januar 1913 zu Paris vorgelegt. Der Bericht geht davon aus, dass gewisse Seewege ähnlich wie grosse Flüsse die Träger des internationalen Austausches geworden sind. Auf ihnen müsse die Sicherheit, Freiheit und Gleichheit aus juristischen, ökonomischen und historischen Gründen gewährleistet sein . Es wird nun das Arbeitsgebiet umschrieben, das sich die Kommission abgesteckt hat. Dann wird auf die Verschiedenheit der geltenden Rechtssätze in den Bereichen der staatlichen Gebietshoheit, der beschränkten Gebietshoheit im Küstengewässer und der Meeresfreiheit hingewiesen und betont, dass die Neutralisation der Meerengen und Kanäle Modifikationen und Derogationen gegenüber alle drei Gruppen von Rechtssätzen bedeute. Bei der Statuierung dieses Sonderrechtes für einzelne Fälle ergeben sich zwar Schwierigkeiten, immerhin wäre es nützlich, durch eine internationale Kommission gewisse allgemeine Grundsätze festzustellen, welche das Völkerrecht seit lange anerkent. Solche seien: das Recht der freien Durchfahrt für Handelsschiffe, selbst in Kriegszeiten; das Verbot der Blockierung von Meerengen; das Verbot des Löschens von Leuchttürmen in Meerengen; die Neutralisation aller Kanäle mit ansehnlichen internationalem Verkehr. Es sei zwar misslich, die Hoheitsrechte der Staaten anzutasten, aber

[1]) a. a. O., S. 56.
[2]) Prot., III, S1. ff.

die Bedürfnisse der Gesamtheit der Völker schaffen Verpflichtungen, welche man völkerrechtliche Servituten nenne und welche jene Hoheitsrechte beschränken. Doch dürfen solche Beschränkungen nicht weitergehen, als sie für die internationalen Wirtschaftsbedürfnisse und den Weltfrieden wesentlich sind.

Aus diesen Erwägungen seien folgende Schlussfolgerungen zu ziehen:

1.) Die Neutralisation soll beschränkt werden auf die „grandes voies de transit maritime ou commandant le débouché de ports appartenant à des Etats différents";

2.) Die Meerengen, deren Breite die zweifache Breite der Küstengewässer überschreite, seien in einer anderen Lage als jene, welche gänzlich in die Zone der Küstengewässer fallen; besonders schwierig sei die Lage jener Meerengen, welche ihrer ganzen Ausdehnung nach Küstengewässer eines und desselben Staates bilde;

3.) bei näherem Studium ergebe sich, dass die gesamten Schwierigkeiten auf die geographischen und politischen Besonderheiten zweier oder dreier einzelner Fälle zurückzuführen seien.

Der Kommission stehe nun ein zweifacher Weg offen: entweder einen Text zu verfassen, welcher den einzelnen Fällen nicht Rechnung trüge und lediglich als ein Wunsch der interparlamentarischen Union aufzufassen wäre; oder einen Entwurf auszuarbeiten, der einen genügend breiten Spielraum zur Anpassung böte, ohne dass in die unmittelbare Lösung der Einzelfragen eingegangen würde [1]).

[1]) a. a. O., III, S. 1—8.

Penha Garcia legte der Kommission mit seinem Bericht einen Entwurf einer Konvention über die Neutralisation der Meerengen und maritimen Kanäle vor [1]), welcher die gewonnenen Gesichtspunkte in 18 Leitsätzen, 8 für die Meerengen, deren Begriff nicht näher abgegrenzt wird, 10 für die „canaux maritimes, reliant deux mers et ayant un fort transit international", zu formulieren versucht.

Für die Meerengen wird die Freiheit der Durchfahrt anerkannt und ihr der Vorrang gegenüber den Hoheitsrechten der Uferstaaten zugesprochen, die Blockade verboten, das Minenlegen nur in der Weise gestattet, dass der friedlichen Schifffahrt eine ausreichende Fahrrinne offen bleiben müsse; das Auslöschen von Leuchttürmen wird untersagt; über feindselige Akte in den Meerengen wird angeordnet, dass sie die Durchfahrt neutraler Schiffe nicht länger als 24 Stunden aufhalten dürfen und dass sie in jenen Zonen verboten seien, in welchen die Errichtung von Befestigungsanlagen nicht gestattet ist; endlich wird die Schaffung von befriedeten Zonen, in denen die Errichtung von Befestigungsanlagen nicht erlaubt ist, besonderen Verträgen vorbehalten.

Die Sätze über die Kanäle gewähren nebst der Freiheit der Durchfahrt auch noch ausdrücklich die Gleichheit aller Flaggen und die Billigkeit und Gerechtigkeit der Durchfahrtsbedingungen und Kanalgebühren; die Beschädigung der Kanalanlagen u. s. w., die Blockade, die Durchsuchung und Kaperung von Schiffen innerhalb dreier Meilen von den Kanalmündungen,

[1]) a. a. O., S. 8, 9.

die Ein- und Ausschiffung von Truppen u. s. w., der Aufenthalt und die Approvisionierung von Kriegsschiffen Kriegführender werden ähnlich wie in den heute geltenden Verträgen verboten; für die Ausfahrt eines Schiffes eines Kriegführenden Staates wird ein 24 Stunden-Intervall nach der Ausfahrt eines feindlichen Kriegsschiffes statuiert; die Festsetzung von Zonen, in denen die Anlage von Befestigungswerken verboten sein soll, wird ebenso wie bezüglich der Meerengen besonderen Verträgen überlassen.

Zu diesem Bericht und Entwurf lagen der Kommission auch einige schriftliche Aeusserungen anderer Mitglieder vor [1]). So wandte sich *Pachnicke* (Deutsches Reich) gegen die Begriffsbestimmung der Kanäle und schlug dafür vor: „diejenigen...., welche sich für eine internationale Regelung eignen". Er wolle damit den Nordostseekanal ausschliessen und verdenke es auch den Türken nicht, wenn sie die Dardanellen besonders behandelt wissen wollen. *Van Houten* (Niederlande) warf die Frage auf, ob es nicht vorzuziehen wäre, das Verbot der Befestigung und das Verbot feindseliger Akte mutatis mutandis auf *alle* Meerengen auszudehnen [2]).

In der Sitzung der Kommission vom 8 Januar 1913 fügte *Penha Garcia* seinem Bericht noch einige Bemerkungen hinzu. Als die Brüssler Konferenz 1910 die Kommission geschaffen habe, sei das Problem, welches alle Geister beherrschte, jenes der Befes-

[1]) a. a. O., S. 10, 11.

[2]) S. 11 Zeile 11 soll es offenbar nicht heissen „a, geth" sondern „A, geth".

tigung des Panamakanals gewesen. Damals habe der Konferenz ein einheitlicher Entwurf für Meerengen und Kanäle vorgeschwebt. Aber der Vorteil einer solchen Vereinigung sei zweifelhaft. Denn es handle sich nur um zwei Kanäle, jene von Suez und Panama. Der Nordostseekanal und der Kanal von Korinth seien für den internationalen Verkehr nicht wesentlich. Es bleiben daher nur zwei bereits abgeschlossene Verträge zu erörtern. Die einzige bestrittene Frage sei in dieser Hinsicht jene der Gleichheit der Flaggen. Auf diese Frage wolle Redner nicht eingehen. Er habe sie auch in seinem Entwurf nicht erhoben, dieser beschränke sich auf die Wiedergabe der Bestimmungen der beiden Konventionen. Es sei jedoch daran zu erinnern, dass der Panamakanalvertrag nur zweiseitig sei, es wäre vielleicht vorteilhaft, ihn zu einer allgemeinen Konvention zu erweitern [1]).

Es folgte nun eine längere Debatte [2]).

D'Estournelles de Constant (Frankreich) warnte vor einer zu weitgehenden Neutralisation, welche nur Gelegenheiten zu Eingriffen in die Sicherheit und Freiheit, insbesondere der kleinen Mächte schaffen würde.

Kovalevski betonte das Interesse, welches seiner Meinung nach Russland an der Schliessung der türkischen Meerengen für Kriegsschiffe habe, weil es anderenfalls zwei Miliarden für Flottenrüstungen im Schwarzen Meer ausgeben müsste.

Der Präsident Lord *Weardale* wies auf den Zusam-

---

1) a. a. O., S. 12.

2) a. a. O., S. 12 ff.

menhang des Meerengenproblems mit jenem der Begrenzung der Küstengewässer hin. Es sei zu erwägen, ob die Kommission nicht bei der Union eine Vereinheitlichung der Regeln über das Küstenmeer in Anregung bringen solle. Dieser Vorschlag wurde von *Penha Garcia* unterstützt. Hingegen machte *Lange* darauf aufmerksam, dass dies zu weit führen würde. Man müsse sich auf die Vereinheitlichung der *Grenzen* des Küstengewässers beschränken. Es nahmen noch einige Redner zu dem Gedanken *Weardale's* Stellung, wobei namentlich die Schwierigkeit der Vereinheitlichung der Regeln über die Ausdehnung der Küstengewässer hervorgehoben wurde. Man gelangte jedoch zu keinem Ergebnis.

Gegen den Bericht *Penha Garcia's* machte *Lange* geltend, dass hier der juristische Gesichtspunkt zu sehr in den Vordergrund getreten sei. Die Scheidung zwischen Meerengen und Kanälen sei ja begründet; aber anderseits wäre gerade das ein grosser Fortschritt, wenn das Recht der Meerengen möglichst jenem des Suez- und Panamakanals nachgebildet würde. Es könnte beispielsweise für die Durchfahrt der Kriegsschiffe durch Meerengen ein Intervall von 24 Stunden festgesetzt werden. Allerdings werde es immer schwer sein, jene Meerengen und Kanäle, welche der Neutralisation unterworfen sein sollen, durch eine genaue Redaktion zu erfassen. Man könne aber einerseits jene Meerengen ausschliessen, deren Breite beispielsweise 20 Kilometer übersteigt, anderseits „les canaux n'ayant pas une importance vraiment mondiale". Von Kanälen blieben daher nur jene von

Suez und Panama übrig. Ausserdem sei das Wort „neutraliser" zu vermeiden und an dessen Stelle Stelle zu setzen: „soustraire au régime commun de la guerre".

Wo mehrere parallele Meerengen zwei freie Meere verbinden, müsse eine von ihnen gegen kriegerische Akte geschützt werden. Zur Vermeidung von Missverständnissen sei festzustellen, dass die anderen Meerengen den allgemeinen Regeln des Völkerrechtes unterstellt bleiben.

Penha Garcia replizierte, dass eine Gleichstellung von Meerengen und Kanälen praktisch undurchführbar sei. Beispielsweise sei die Regel der 24 Stunden auf Meerengen nicht anwendbar.

Die Generaldebatte wurde darauf geschlossen und die Spezialdebatte [1]) eröffnet, welche in der Sitzung vom 9 Jänner 1913 [2]) ihre Fortsetzung fand.

Zu dem ersten Punkt, der Freiheit der Durchfahrt, bemerkte *Penha Garcia* diese Forderung gegenüber dem bestehenden Zustand einen Fortschritt bedeute. Denn die Durchfahrt durch die türkischen Meerengen sei auch für Handelsschiffe an die Erteilung eines Firmans geknüpft. Allerdings werden solche Firmane regelmässig ohne Schwierigkeit erteilt, wenigstens im Frieden. Aber es bestehe doch die Möglichkeit einer Verweigerung.

Kovalevski wiederholte seine Ausführungen über das Interesse Russlands an der Schliessung der türkischen Meerengen für Kriegsschiffe. *Penha Garcia*

[1]) a. a. O., S. 16 ff.
[2]) a. a. O., S. 20 ff.

war der Meinung, die Kommission solle diese Frage aus der Erörterung ausschliessen, während *Munch* (Dänemark) die *ganze* Frage der türkischen Meerengen in einer besonderen Konvention behandelt wissen wollte.

Die Kommission behielt sich vor, auf den ganzen Problemkomplex in zweiter Lesung zurückzukommen.

Weiter kam die Abgrenzung der Küstengewässer neuerlich zur Sprache und die Kommission entschied sich dafür, dass eine Vereinheitlichung dieser Grenzen studiert werde.

Nunmehr gelangten die Verbote der Blockade, der völligen Minensperre und der Aufhaltung der neutralen Schiffahrt durch feindselige Akte in einer längeren Dauer als 24 Stunden gleichzeitig zur Diskussion. *Lange* machte darauf aufmerksam, dass zwischen dem Verbot der Blockade und der Zulassung feindlicher Akte ein gewisser Widersprich bestehe. Man möge sich vor Augen halten, dass man einen Wunsch der Union für eine Neuregelung im Interesse der Sicherheit des Weltverkehrs vorzubereiten habe. Wenn man feindselige Akte zulasse, so werden Handel und Schiffahrt unausweichlich gehemmt.

D'Estournelles de Constant meinte, es seien gewichtige Einwendungen gegen eine Regelung zu gewärtigen, welche das Recht der Verteidigung beeinträchtige. Man müsste dann neue Garantien schaffen. Das Wort Neutralisation sei nicht glücklich, es gebe Anlass zu Missverständnissen. *Lange* pflichtete dieser letzten Bemerkung zu und empfahl das Wort „Ausserstreitstellung", das viel genauer sei, sich aber nicht ins Französische übersetzen lasse.

Grieg (Norwegen) empfahl, mit Rücksicht auf die Verwickelung des Problems vagere Formeln zu wählen. Die Zeit, ein Reglement auszuarbeiten, sei noch nicht gekommen, man müsse sich damit begnügen, Wünsche auszusprechen. Demgegenüber wies *Penha Garcia* auf die Nützlichkeit einer Regelung hin. Er erinnerte daran, welchen Eindruck die kürzlich veröffentlichten Ideen eines französischen Admirals über eine Minensperre in der Strasse von Calais in der öffentlichen Meinung hervorgerufen hatten.

Munch gab der Ansicht Ausdruck, dass es einen Rückschritt bedeuten würde, wenn feindselige Akte in den Meerengen nicht ausdrücklich verboten würden. Hingegen wendete *Penha Garcia* ein, dass das Verbot feindseliger Akte mit dem Verteidigungsrecht der Uferstaaten unvereinbar sei. *Munch* replizierte, dass die Neutralisation der Meerenge dem Uferstaat eine neue Sicherheit geben werde.

Die übrigen Punkte des Entwurfs über die Meerengen gaben keinen Anlass zu einer Debatte. Dagegen entspann sich in der Sitzung vom 9 Jänner 1913 [1]) eine längere Diskussion über die Bestimmungen betreffend die Kanäle.

Zunächst änderte die Kommission nach einem Meinungsaustausch die Begriffsbestimmung der der Regelung unterworfenen Kanäle in „Tous les canaux interocéaniques proprement dits". Hiebei war man darüber einig, dass dies nur den Suez- und den Panamakanal betreffe.

---

[1]) a. a. O., S. 20 ff.

Die Erörterung des ersten Punktes des Entwurfes, nämlich über die freie Durchfahrt auch der Kriegsschiffe, führte die Kommission wieder zur Behandlung der Meerengen, insbesondere jener von Konstantinopel, sowie zu Fragen der Arbeitsmethode zurück, doch tauchten keine wesentlichen neuen Gesichtspunkte auf. Im Uebrigen wurden an dem Entwurfe zwei Aenderungen vorgenommen: erstens wurde das Verbot des Auslöschens der Leuchttürme ausgesprochen, wie für die Meerengen; zweitens wurde die neutralisierte Zone von 3 auf 6 Seemeilen von den Kanalmündungen ausgedehnt, entsprechend einem Beschluss des Instituts für internationales Recht. Der Wortlaut des Entwurfes in der von der Kommission beschlossenen Fassung ist im Anhang II abgedruckt.

Grieg warf dann noch die Fragen der Kontrolle und der Sanktion auf. *Penha Garcia* entgegnete, in Kriegszeiten sei eine Kontrolle unmöglich, immerhin werde er der Anregung in seinem Bericht Rechnung tragen. *Lange* erinnerte daran, dass die Kommission in ihrer ersten Sitzung eine Kontrolle durch eine internationale Kommission nach dem Muster der Kommission in Konstantinopel für den Suezkanal in Aussicht genommen hatte. Die Einsetzung einer solchen Kommission sei eine Konsequenz der gewünschten internationalen Regelung. Anderseits würde die Kommission im Geiste der interparlamentarischen Union handeln, wenn sie sich für eine schiedsgerichtliche Schlichtung der Streitigkeiten aus den Verträgen über Meerengen und Kanäle ausspräche.

Die Kommission stimmte diesen Ansichten zu. Man einigte sich schliesslich dahin, dass *Penha Garcia* der nächsten Konferenz einen Bericht über die Arbeiten der Kommission erstatten solle. Dieser Bericht solle bestimmte Leitsätze enthalten, welche als schon gegenwärtig durchführbar betrachtet wurden.

Diese von *Penha Garcia* redigierten Leitsätze, deren Wortlaut unten im Anhang III abgedruckt ist, sind die folgenden:

I. Die Anwendung der Verträge über die Magellanstrasse, den Suezkanal und den Panamakanal auf alle Meerengen und interozeanischen Kanäle bietet zu viel Schwierigkeiten, um sie schon jetzt als eine mögliche Lösung empfehlen zu können.

II. Trotzdem gibt es gewisse Grundsätze, welche, sofort für alle zivilisierten Staaten im Interesse des internationalen Verkehrs und des Weltfriedens annehmbar sind.

Diese Grundsätze sind:

a) Die ausdrückliche Anerkennung des Rechtes aller Handelsschiffe ohne Unterschied der Flagge auf freie Durchfahrt durch alle Meerengen, welche zwei Teile des offenen Meeres (deux mers non intérieures) verbinden, und durch alle interozeanischen Kanäle im strengen Sinn des Wortes und zwar im Frieden und im Kriege.

b) Das strenge Verbot der Blockade dieser Meerengen und Kanäle.

c) Das verbot, mit Minen oder Torpedos die Durchfahrt durch diese Wasserstrassen völlig zu sperren und die Verpflichtung, die Schiffahrt von der Lage der Minen und Torpedos in den benachbarten Territorialgewässern in Kenntnis zu setzen.

d) Das Verbot, selbst in Kriegszeiten die Leuchttürme, welche die Durchfahrt durch die Wasserstrasse bezeichnen, zu verlöschen.

e) Die Anerkennung der Schiedsgerichtsbarkeit oder anderer freundschaftlicher oder rechtlich geordneter Wege zur Schlichtung von Streitigkeiten über die Anwendung oder Auslegung dieser Verträge.

III. Einige besondere Fälle mit Ausnahmscharakter bedürfen eines längeren Studiums und neuerlicher Diskussionen [1]).

Diese Beschlüsse wurden mit einem Bericht *Penha Garcia's* der XVIII. Interparlamentarischen Konferenz im Haag (3—5 September 1913) vorgelegt [2]). Hier forderte zunächst *Damad Ferid Pascha* (Türkei), dass die türkischen Meerengen aus den zu beratenden Bestimmungen ausgeschieden würden, denn der durch die Londoner Konvention und die späteren Verträge festgelegte Zustand sei für die Verteidigung Konstantinopels notwendig. *Roszkowski* (Oesterreich) machte darauf aufmerksam, dass von Kriegsschiffen nicht die Rede sei und dass daraus geschlossen werden könnte, den Kriegsschiffen sei die Durchfahrt durch Meerengen verboten. Ein solches Verbot sei unmöglich. Daher müsse der Berichterstatter auf der nächsten Konferenz zu der Frage Stellung nehmen. *Pachnicke* (Deutsches Reich) trat neuerlich für die Ver-

[1]) Prot. III, Annexe; Annuaire de l'Union interparlamentaire, IV (1914), S. 38, 39.

[2]) Annuaire de l'Union interparlementaire, IV (1914), S. 36 ff.

fassung eines Mustervertrages ein, da die Union nicht alle streitigen Punkte regeln, wohl aber eine Vorarbeit für die nächste Friedenskonferenz schaffen könne. *Negulesco* (Rumänien) wies auf einige Lücken hin, beispielsweise in Bezug auf die Durchfahrt von entwaffneten Kriegsschiffen und von freiwilligen Flotten, welche nach der Durchfahrt in Kriegsflotten verwandelt werden. Die Konferenz ging jedoch auf die vorgebrachten Gesichtspunkte nicht weiter ein. Die Anträge der Kommission wurden vielmehr — mit dem von türkischer Seite gemachten Vorbehalt — einstimmig angenommen und die Kommission beauftragt, einen endgültigen Entwurf eines völkerrechtlichen Vertrages auszuarbeiten und hiebei diejenigen unter den erörterten Grundsätzen aufzunehmen, welche geeignet seien, schon im Augenblick von der Gesamtheit der zivilisierten Staaten akzeptiert zu werden, endlich, die übrigen Arbeiten fortzusetzen [1]).

In einer noch am 5 September 1913 abgehaltenen Sitzung der Kommission [2]) übernahm es *Penha Garcia*, den von der Union gewünschten Entwurf auszuarbeiten. Er lud jedoch zunächst *Noradungian Effendi* ein, den türkischen Gesichtspunkt über die Meerengen von Konstantinopel zu entwickeln.

Dieser hob hervor, es sei sehr schwierig, die bisher festgestellten Grundsätze auf die Meerengen von Konstantinopel anzuwenden. Diese beiden Meerengen seien in mehrfacher Hinsicht in einer ganz besonderen Lage.

---

[1]) a. a. O., S. 38. Vgl. auch die Protokolle der Kommission, IV, S. 2.

[2]) Prot., IV, 1 ff.

Das Problem müsse in der Weise gelöst werden, dass die gegenwärtige Rechtslage bezüglich jener Meerengen unverändert erhalten werde. Vor allem sei im Frieden keine Schwierigkeit zu fürchten; die Firmane, mit welchen die Durchfahrt bewilligt wird, werden regelmässig und ohne Verzögerung erteilt, kein Handelsschiff habe Anlass zur Klage gefunden. In Kriegszeiten sei die Frage viel verwickelter. Im italienisch-türkischen Krieg sei die ottomanische Regierung genötigt gewesen, die Dardanellen zu schliessen und gegenüber der Bedrohung durch die italienische Flotte den Eingang dieser Meerenge mit Torpedos zu schützen. Eine solche Massregel sei auch in einem künftigen ähnlichen Falle nach Ansicht der türkischen Regierung unvermeidlich. Es sei eine unter Militärfachleuten sehr bestrittene Frage, ob man unter solchen Umständen eine Durchfahrtsrinne freilassen könne. Täte man dies so würden viel bedeutendere Verteidigungsanlagen an den beiden Ufern erforderlich und selbst ein dreifacher Verteidigungsgürtel: Befestigung, Kriegsschiff, Torpedo, würde kaum genügen. Der erste Admiral einer Grossmacht habe erklärt, es sei nicht schwer, mit Aufopferung einiger Schiffe die Meerenge zu forcieren, wenn dem Handel eine Durchfahrt offen gelassen wäre.

Dadurch, dass Griechenland nunmehr verschiedene Inseln des Aegäischen Meeres besitze und seine Kriegsschiffe sich öfters in der Nachbarschaft der Dardanellen zeigen werden, sei die Gefahr eines plötzlichen Angriffes auf Konstantinopel noch größer. Es werde daher das Verbot der Blockade nicht genügen, man müsse auch das Erscheinen fremder Flotten an der Mündung der Meerengen verbieten.

Aus allen diesen Gründen könne schon heute erkannt werden, dass auf die Dardanellen eine analoge Regelung wie auf die anderen Meerengen nicht anwendbar sei. Im Uebrigen sei das Marmorameer ein Binnenmeer und daher seien die beiden Meerengen, welche in dieses Meer führen, nicht unter den Begriff der „détroits reliant deux mers non intérieures" zu subsumieren.

Gegen das zuletzt vorgebrachte Argument wendete *Penha Garcia* ein, man müsse die beiden Meerengen von Konstantinopel als eine einzige betrachten, welche zwei freie Meere miteinander verbinde, nämlich das Aegäische Meer mit dem Schwarzen Meer.

Noradungian Effendi warf dann noch die Frage auf, wie man Handelsschiffe behandeln solle, welche dazu bestimmt sind, nach dem Passieren der Meerengen in Kriegsschiffe verwandelt zu werden. Die Aenderung des gegenwärtigen Rechtszustandes sei überhaupt mit so grossen praktischen Schwierigkeiten verknüpft, dass er beantrage, die beiden türkischen Meerengen aus den Arbeiten der Kommission auszuscheiden.

Holt (Grossbritannien) wies auf die Mehrdeutigkeit des Ausdrucks „libre passage" hin. Er nehme an, dass das Prisenrecht der Kriegführenden durch die vorgesehene Freiheit der Durchfahrt nicht in Frage gestellt werde, ebensowenig das Kontrollrecht bezüglich der Kriegskonterbande. Wenn dies sich so verhalte, so müsse auf jeden Fall die Durchfahrt bei Nacht verboten werden.

Penha Garcia erwiderte, „libre passage" bedeute die Untersagung feindseliger Akte gegen Handelsschiffe. Das Prisenrecht und das Durchsuchungsrecht seien daher durch die im Bericht enthaltenen Vorschläge aufrecht erhalten. Die Absicht sei, Meerengen und Kanäle gleichzustellen.

Penha Garcia übernahm nun die Ausarbeitung des von der Konferenz der interparlamentarischen Union gewünschten Vertragsentwurfes, *Noradungian Effendi* die Verfassung einer Denkschrift, welche die von ihm vorgebrachten Gesichtspunkte zu entwickeln hätte [1]. Diese zuletzt genannte Arbeit kam leider nicht zustande [2]. Hiegegen legte *Penha Garcia* in der nächsten Sitzung der Kommission, welche am 17 April 1914 zu Brüssel stattfand [3]) einen Vertragsentwurf vor [4]. Dieser hatte folgenden Inhalt:

Art. 1. Die Gleichheit der Behandlung und die freie Durchfahrt durch alle Meerengen, welche Teile des freien Meeres (deux mers non intérieures) mit einander verbinden, und in allen interozeanischen Kanälen im eigentlichen Sinne des Wortes werden anerkannt und allen Schiffen ohne Unterschied der Flagge, im Frieden und im Krieg zugesichert.

.Die besondere Regelung der Durchfahrt von Kriegsschiffen in den Meerengen von Konstantinopel bleibt vorbehalten.

Art. 2. Die Schiffe der Kriegführenden bleiben

[1]) Prot., IV, S. 4.
[2]) a. a. O., V, S. 2.
[3]) a. a. O., V, S. 1 ff.
[4]) a. a. O., V, Anhang 2.

den Verträgen und Gebräuchen des Seekriegsrechtes und den besonderen Verträgen, welche hinsichtlich einzelner Meerengen und Kanäle gelten, unterworfen.

Art. 3. Das Recht der freien Durchfahrt soll gemäss den Vorschriften der Staaten, in deren Küstenwässern die Meerengen und Kanäle liegen, ausgeübt werden.

Wenn diese Staaten selbst Krieg führen, so kann die Durchfahrt wähıend der Kriegsdauer entsprechend dem Verteidigungsbedürfnis an strengere Vorschriften geknüpft sein; aber diese Vorschriften dürfen niemals bis zur völligen Sperrung der Durchfahrt für die Neutralen gehen, vorbehaltlich der ausnahmsweisen Sperrung bei Nacht.

Art. 4. Die Blockade der im Art. 1 genannten Wasserstrassen ist strenge verboten.

Art. 5. Es ist verboten, selbsttätige Kontaktminen oder Torpedos, welche nicht durch denjenigen, welcher sie gelegt hat, beaufsichtigt werden können, derart anzubringen, dass sie die Durchfahıt neutraler Schiffe durch die genannten Wasserstrassen völlig versperren.

Art. 6. Die Leuchttürme, welche die Durchfahrt durch jene Wasserstrassen bezeichnen, dürfen, auch in Kriegszeiten, nicht verlöscht werden.

Art. 7. Differenzen und Streitigkeiten über die in dem Vertrag enthaltenen Prinzipen werden, wenn sie nicht direkt unter den Staaten geschlichtet werden können, stets vor ein Schiedsgericht gebracht.

Bei der Debatte über Art. 1 dieses Entwurfes [1]) kam es zuerst zu einer Erörterung des Begriffes „mer non

[1]) a. a. O., V, S. 3 ff.

intérieure". *Lange* wies auf die Erklärungen der ottomanischen Delegierten sowohl in der letzten Sitzung als im Haag hin, wonach das Marmorameer ein Territorialmeer sei. Wenn diese Auslegung richtig sei, so seien die Bestimmungen des Entwurfes auf die türkischen Meerengen von vornherein unanwendbar. Redner sei allerdings nicht dieser Meinung. Auch *Penha Garcia* erklärte, einer solchen Auffassung nicht beitreten zu können. Das Marmorameer sei kleiner als der Genfersee, man könne daher den Bosporus und die Dardanellen nicht als zwei verschiedene Arme des Meeres betrachten. In der folgenden Erörterung traten die Schwierigkeiten bezüglich der türkischen Meerengen neuerlich zutage, ohne dass ein neuer Gesichtspunkt aufgetaucht wäre. Insbesondere betonte der russische Delegierte *Efremoff* ebenso wie früher *Kovalevsky*, dass Russland im Falle oder Oeffnung jener Meerengen für Kriegsschiffe genötigt wäre, seine Seestreitkräfte im Schwarzen Meer zu vermehren. Es sei besser, die Durchfahrt von Kriegsschiffen, insbesondere durch Vertragsmeerengen, vorzubehalten. *Efremoff* erinnerte diesbezüglich an den seinerzeitigen japanischen Protest.

Moltesen beantragte namens der dänischen Gruppe, für den Fall, als der Vertragsentwurf auch die Durchfahrt von Kriegsschiffen betreffen sollte, die Aufnahme folgender Bestimmung: „Dans le cas où deux mers libres sont reliées par plusieurs passages navigables, il suffit cependant que les principes sus-énoncés soient observés pour un seul des dites passages".

Eickhoff (Deutschland) regte an, den ganzen Vertragsentwurf ausdrücklich nur auf Handelsschiffe zu beziehen. Dadurch würden die Schwierigkeiten vermieden.

Penha Garcia, schlug hingegen eine Einigung in der Weise vor, dass dem Art. 1 Absatz 2 die folgende allgemeine Fassung gegeben würde: „Le régime particulier des navires de guerre dans certains détroits et canaux maritimes reste réservé". Dieser Text gelangte, obwohl Bedenken gegen die Unbestimmtheit der Formulierung laut wurden, vorbehaltlich einer zweiten Lesung nach der Diskussion der übrigen Artikel, zur Annahme.

Artikel 2, 3 und 4 wurden ohne eine bemerkenswerte Debatte und ohne sachliche Aenderungen angenommen.

Zu Art. 5 fügte die Kommission auf eine Anregung *Lange's* folgende Bestimmung hinzu: „Le placement de torpilles dans les eaux avoisinantes de ces détroits et canaux maritimes ne doit pas constituer un danger pour le passage des vaisseaux neutres et avis en sera donné à la navigation".

Zu Art. 6 bemerkte *Penho Garcia*, da das Auslöschen der Leuchttürme ein wichtiges Verteidigungsmittel für gewisse Länder sei, würde es genügen, das Verbot des Auslöschens auf jene Leuchttürme zu beschränken, welche die Zugänge bezeichnen. Dies wurde angenommen.

Art. 7 erhielt auf Antrag *Lange's* den in der Interparlamentarischen Union in anderem Zusammenhange bereits wiederholt gebrauchten Wortlaut. Diese Formulierung besagte:

Wenn Meinungsverschiedenheiten über die Auslegung oder Anwendung der Vertragsbestimmungen durch diplomatische Verhandlungen nicht beigelegt werden können, so werden die sich ergebenden Streitfälle vor dem ständigen Schiedshof im Haag ausgetragen.

Der Schiedsvertrag wird gegebenenfalls nach den Art. 53 und 54 des Abkommens vom 18 Oktober 1907 über die friedliche Erledigung internationaler Streitfälle festgestellt.

Auf Grund der beschlossenen Aenderungen wurde nun der Entwurf einer zweiten Lesung unterzogen und angenommen. Der endgültig beschlossene Wortlaut [1]) ist im Anhang IV abgedruckt.

Hiezu wurde ein Resolutionsentwurf angenommen, welcher den Wunsch der XIX. Interparlamentarischen Konferenz ausdrückte, die Mächte mögen die Frage der Meerengen und Kanäle auf die Tagesordnung der nächsten Friedenskonferenz setzen, und welcher den erörterten Vorentwurf der Aufmerksamkeit der Mächte empfahl [2]). Tatsächlich bildete auch diese Frage einen eventuell in Aussicht genommenen Punkt des projektierten Programms der Interparlamentarischen Union für die dritte Haager Friedenskonferenz [3]).

Was die übrig bleibenden Gegenstände anbelangt, so beschloss die Kommission die Beratung der in dem Entwurfe nicht gelösten Fragen bis zur nächsten Interparlamentarischen Konferenz, welche für den 19

---

[1]) Prot., V, S. 7, 8; Annuaire de l'Union interparlamentaire, IV (1914), S. 81.

[2]) Prot., V, S. 10. Annuaire, a. a. O.

[3]) Annuaire de l'Union, IV (1914), S. 89.

bis 21 August 1914 in Stockholm geplant war [1]), zu vertagen [2]).

Die weitere Entwicklung ist durch den Krieg unterbrochen worden.

D. Der Krieg hat übrigens die Erörterung des Meerengenproblems keineswegs zur Ruhe gebracht. Auch während des Krieges sind Stimmen laut geworden, welche eine Regelung der Frage und zwar im Sinne einer Sicherung des internationalen Verkehrs forderten. So hat die permanente Kommission der Nationalitätenkonferenz in ihre am 12. November 1915 zu *Lausanne* beschlossene „Déclaration des droits des nationalités" folgenden Satz aufgenommen:

„*VI.* Internationalisation.

Les mers, détroits et canaux maritimes sont libres et neutres. Il sont soumis, quant à la police, l'aménagement et l'entretien, au régime de l'internationalisation. Ce régime s'applique aussi à certaines parties de territoire nécessaires pour leur assurer la liberté effective ainsi qu'aux ports internationaux de fait, qu'il serait dangereux de livrer à la domination d'un Etat unique" [3]).

Die Organisation Centrale pour une Paix durable hat zwar in ihr Mindestprogramm keine Regelung der Meerengenfrage aufgenommen. Aber der officielle

---

[1]) Annuaire de l'Union, IV (1914), S. 123 ff.

[2]) Prot., V, S. 9.

[3]) *S. Gabrys*, Le Problème des nationalités im Recueil de Rapports der Organisation Centrale pour une Paix durable, Haag, 1916, I, S. 67 ff.

Kommentar bemerkt, dass diese Frage mit allen von der Organisation behandelten Problemen eng verknüpft sei. Die Neutralisierung der grossen Seewege, Meerengen und Kanäle, sei es durch Einsetzung einer internationalen Verwaltung wie beim Suezkanal, sei es durch andere vertragsmässige Festsetzungen, bilde eine Vervollständigung der Reformen des Seekriegsrechtes. Die „Freiheit der Meere" unter anderem durch eine Neutralisierung der Seewege zu sichern, sei eines der grossen Ziele, auf die sich die Anstrengungen aller Friedensfreunde richten müssen [1]).

---

[1]) Ein dauernder Friede. Offizieller Kommentar des Mindesprogramms (deutsche Ausgabe) S. 42.

II. VORSCHLÄGE DES BERICHTERSTATTERS.

Die Schliessung eines Vertrages über die Meerengen und Kanäle würde bezwecken, ein *Sonder*recht, ein jus particulare, zu schaffen, welches Ausnahmen von den allgemeinen Sätzen des Völkerrechtes über das offene Meer, die Küstengewässer und die staatliche Gebietshoheit enthielte. Es muss daher erstens der *Geltungsbereich* jenes Sonderrechtes erörtert werden, nämlich der Kreis und die Ausdehnung der Wasserstrassen, auf welche sich die besondere Regelung beziehen soll, zweitens der *Inhalt* der besonderen Rechtssätze, also das materielle für die Wasserstrassen zu schaffende Recht, soweit es von dem allgemeinen Völkerrecht abweichen soll.

Beide Gegenstände der Untersuchung stehen in Wechselbeziehung zu einander. Man kann den Umfang der Ausnahme nicht bestimmen, ohne den sachlichen Inhalt der geplanten Ausnahmsgesetze zu kennen. Umgekehrt ist der Inhalt einer Regelung offenbar davon abhängig, auf welche Objekte die zu schaffenden Normen Anwendung finden sollen. Wie immer daher hier die Reihenfolge der Darstellung gewählt wird, es wird immer zum Teil Früheres das Spätere voraussetzen müssen. Im Endergebnis, im Vertragsentwurf, wird jedoch aus formal-logischen Gründen an erster Stelle der Geltungsbereich des Übereinkommens, der

Kreis und die Ausdehnung der unter das Abkommen gestellten Wasserstrassen, umgrenzt werden müssen. Daher sei auch hier diese Materie zuerst erörtert.

A. *Der Geltungsbereich des Vertrages.*

I. Eine Regelung des Rechtes der internationalen Wasserstrassen hat mit zwei verschiedenen Objekten zu tun: mit Meerengen und mit Kanälen.

A. Die Objekte der zweiten Art bedürfen in Bezug auf die zu treffende Auswahl keiner langen Erwägung. Heute kommen nur vier Kanäle in Betracht, nämlich jene von Suez, Panama, Korinth und Kiel. Von diesen scheiden die beiden zuletzt genannten aus, weil mit geringem Umweg natürliche Wasserstrassen offen stehen, sodass der ungeheuere Eingriff in die Gebietshoheit, den eine Internationalisierung des Kanals bedeuten würde, ausser allem Verhältniss zu den errungenen Vorteilen für den Verkehr stünde und daher nicht gerechtfertigt werden könnte. Es bleiben nur die Kanäle von Suez und Panama, dieselben, die auch bisher allein Gegenstand einer vertragsmässigen Regelung gewesen sind. Auch die Commission des Détroits et des Canaux maritimes der Interparlamentarischen Union ist, wie wir gesehen haben, zu dem Ergebnis gelangt, dass nur diese beiden Kanäle für eine internationale Regelung in Betracht kommen.

Im Hinblick auf diese Umstände kann eine Erörterung des allgemeinen Begriffs der Kanäle entfallen. Daher sind wohl auch Erwägungen, wie beispielsweise jene der Commission des Détroits et des Canaux maritimes, ob nur die „interozeanischen" Kanäle einer Regelung zu unterwerfen seien oder auch andere, für die Formulierung eines künstigen Abkommens gegenstandslos. Legislativ-technisch ist hier eine *taxative namentliche Aufzählung* der dem Abkommen unterworfenen Kanäle am Platze. Diese Aufzählung hätte nur den *Suezkanal* und den *Panamakanal* zu umfassen und müsste in Zukunft von Fall zu Fall erweitert werden.

Hingegen tritt bei den Kanälen eine andere Frage praktisch in den Vordergrund. Wenn nämlich ein Vertrag, welcher inhaltlich einen Kanal internationalisiert nur von zwei oder einigen Staaten geschlossen ist, so können zwar zunächst für dritte Staaten aus ihm keine Rechte und Pflichten abgeleitet werden; es könnte sich aber ein Staat auf die Lehre vom Vertrag zugunsten Dritter berufen [1]). Dies könnte politisch zu den grössten Verwicklungen führen. Dauert der Zustand der Oeffnung für alle Nationen längere Zeit mit Wissen und ohne Einspruch dritter Staaten, so könnte unter Umständen argumentiert werden, dass sich ein Gewohnheitsrecht gebildet habe, welches auch dritte Staaten binde. Der Widerstreit der politischen Interessen würde durch die sich hieraus ergebende Rechtsunsicherheit noch verschärft.

Es muss daher eine klare, allgemein anerkannte Rechtslage angestrebt werden. Diese kann nur in der Anerkennung eines, wenn auch vielleicht inhaltlich beschränkten Rechtes auf Durchfahrt für *alle* Staaten durch einen *allgemeinen* völkerrechtlichen Vertrag be-

---

[1]) Vgl. auch *Guilio Diena* in *Niemeyer's* Zeitschrift für internationales Recht, XXV (1915), S. 19 ff.

stehen. Ein precarium, eine nach Belieben widerrufliche Duldung der Durchfahrt wird den Bedürfnissen des internationalen Verkehrs nicht gerecht, denn sie zwingt den Handel und die Schiffahrt, in ihren Kalkulationen jeden Augenblick mit der Sperre zu rechnen, auch wenn diese tatsächlich jahrelang nicht erfolgte. Daher ergibt sich als eine überaus wichtige Forderung im Interesse des zukünftigen Weltverkehrs und des zukünftigen Weltfriedens, dass, was immer über den Suezkanal, den Panamakanal und zukünftige andere Kanäle statuiert wird, in *allgemeinen* Verträgen als allgemein bindend erklärt werde.

Diese Forderung ist so wichtig, dass ihre Erfüllung selbst um den Preis inhaltlicher Konzessionen angestrebt werden muss. Besser ein inhaltlich unvollkommener, äussersten Falles sogar die Schiffahrt einer Nation bevorzugender, aber allgemein anerkannter und respektierter Vertrag, als die vollkommensten Bestimmungen, wenn sie formell nur für zwei oder einige Staaten Rechte und Pflichten schaffen. Er ist beispielsweise sicherlich für die Stabilität des Weltverkehrs weniger störend und für den Weltfrieden weniger gefährlich, wenn etwa türkische oder ägyptische Schiffe im Suezkanal, amerikanische im Panamakanal, eine von allen Staaten vertragsmässig anerkannte Begünstigung hinsichtlich der Durchfahrtsgebühren geniessen, als wenn zwar die volle Gleichbehandlung aller Flaggen, aber nur in einem Vertrag zwischen zwei Mächten zugesichert wird, sodass dritten Staaten stets die Sperrung droht.

Ob und in wie weit solche Konzessionen an einen

Staat notwendig sind, um seine Zustimmung zur Internationalisierung eines auf seinem Gebiete liegenden oder zu bauenden Kanals zu erhalten, hängt in jedem einzelnen Falle von politischen Machtsverhältnissen ab, auf welche hier nicht eingegangen werden kann. Für den Suezkanal wären solche Konzessionen ein Rückschritt und daher jedenfalls zu vermeiden. Für den Panamakanal, für den Nicaraguakanal und andere künftig vielleicht zu bauenden Kanäle könnten sie möglicherweise den einzigen praktisch gangbaren Weg darstellen, welcher zur vollkommenen Internationalisierung führt. Sind sie in solchen Fällen unvermeidlich, so werden sie für den einzelnen Kanal besonders festgelegt werden müssen. Die folgenden Vorschläge können auf solche Besonderheiten keine Rücksicht nehmen, sondern gehen von dem Idealfall aus, wie er ja im Suezkanalvertrag bereits im Wesentlichen verwirklicht war, nämlich davon, dass solche Konzessionen nicht erforderlich sind.

Daher werden die unten folgenden Vorschläge die Internationalisierung des Suez- und Panamakanals *ohne* Einschränkungen und Konzessionen zum Gegenstand haben und die mit Rücksicht auf die politischen Machtverhältnisse etwa erforderlichen Modifikationen speziellen Untersuchungen überlassen.

B. Viel verwickelter als bei den Kanälen liegen die Dinge bei den Meerengen. Die Zahl der Meerengen, an denen der internationale Verkehr ein Interesse hat, ist so bedeutend, und die Verkehrsinteressen selbst sind so mannigfach abgestuft, dass hier der Versuch einer taxativen Aufzählung auf sehr grosse Schwierigkeiten stossen würde. Ganz abgesehen von den sachlichen Weitläufigkeiten und Komplikationen, zu denen eine solche Fragestellung führen müsste, bestünde die grosse Gefahr, dass jeder einzelne Staat gerade bei den in *seinem* Küstengewässer oder in *seiner* besonderen Interessensphäre gelegenen Meerengen Einspruch erhebt. Es könnten leicht Empfindlichkeiten geweckt und Reibungen erzeugt werden, welche das ganze Werk zum Scheitern bringen. Endlich könnten auch für die Zukunft Unzukömmlichkeiten daraus entstehen, dass jede Aenderung in den Verkehrsverhältnissen eine Aenderung der Liste der taxativ aufgezählten, unter das Sonderrecht gestellten Meerengen erfordern würde.

Es ist zu hoffen, dass diese Schwierigkeiten vermieden werden könnten, wenn es gelänge, durch eine *allgemeine Formel*, eine clausula generalis, das Wesentlichste des Begriffes der für den internationalen Verkehr wichtigen Meerengen herauszuheben und das Abkommen auf alle unter diesen Begriff fallenden Meerengen zu beziehen. Eine solche Regelung würde nicht ausschliessen, dass für einzelne Meerengen spezielle Verträge geschlossen oder schon bestehende ältere Spezialverträge in Kraft gelassen werden.

Es wäre daher zunächst zu untersuchen, ob sich allgemeine Merkmale für jenen Begriff der Meerenge finden lassen. Dabei müsste es sich nicht nur darum handeln, eine Formel aufzustellen, welche angibt, welche Meerengen unter das Abkommen fallen, sondern auch eine solche, aus welcher sich der örtliche Umfang und die Grenzen der einzelnen Meerengen ableiten lassen.

Denn die allgemeine Formel wäre wertlos, wenn für jede einzelne Meerenge das Geltungsgebiet durch Sonderverträge örtlich abgegrenzt werden müsste.

Wenn es gelingen sollte, solche allgemeine Begriffsmerkmale zu finden, so wird es trotzdem unerlässlich sein, die Möglichkeit abweichender Spezialverträge ins Auge zu fassen. Daher wird später von den Spezialverträgen die Rede sein.

Was nun den allgemeinen Begriff der Meerenge anbelangt, so ist, wie unten in anderem Zusammenhange nochmals zur Sprache kommen wird, das für unseren Zweck Wesentliche folgendes: es soll verhindert werden, dass die Seeverbindung zwischen den einzelnen Teilen des offenen Meeres an jenen Punkten, wo dies technisch möglich wäre, nämlich in den Meerengen, für den internationalen Verkehr vollständig *gesperrt* werde. Daher muss eine „Meerenge" in dem spezifischen Sinne des zu schaffenden Uebereinkommens erstens von jenen Meeresteilen unterschieden werden, deren völlige Versperrung für die Durchfahrt ausserhalb des Bereiches praktischer Möglichkeit liegt — dies ist das Problem der Breite — zweitens aber auch von jenen Meerengen im geographischen Sinne, deren technische Absperrung den internationalen Verkehr gar nicht oder nur unwesentlich berühren würde — dies ist das Problem der Ausscheidung der für den Weltverkehr bedeutungslosen Meerengen.

Eine allgemeine Regelung des Meerengenrechtes wird vor allem einen nach diesen beiden Seiten hin tunlichst bestimmten Begriff jener Meerengen, auf welche sich das geplante internationale Abkommen beziehen soll, schaffen müssen. Denn die eingangs dargelegten Erwägungen haben gezeigt, dass der Begriff der Meerengen, auf welche bisher das unbedingte Durchfahrtsrecht bezogen worden ist, sehr unpräzise und nicht eindeutig bestimmt ist. Auch die bisher vorliegenden legislativ-politischen Vorarbeiten haben, wie wir gesehen haben, verhältnismässig wenig zur Klärung gerade dieser Fragen beigetragen und die Commission des Détroits et des Canaux maritimes hat sich in ihrem Entwurf damit begnügt, es auf die „détroits reliant deux mers non intérieures" zu beziehen [1]). In dieser Formel sind die beiden oben als lösungsbedürftig erkannten Probleme nicht berührt, weder jenes der Breite noch jenes der Ausscheidung der für den Weltverkehr bedeutungslosen Meerengen.

1) In Beziehung auf das erste Problem lässt sich leicht eine scharfe Grenze ziehen, indem man eine *Maximalbreite* festsetzt, welche ein Meeresteil, an der schmalsten Stelle gemessen, nicht übersteigen darf, um noch als Meerenge im Sinne des Abkommens zu gelten. Allerdings ist es überaus schwierig, zu ermitteln, welches denn nun die geeignetste Maximalgrenze sei. Hiefür dürften namentlich die folgenden Gesichtspunkte in Betracht kommen.

Je niederer die Grenze ist, desto geringer ist zunächst die Zahl der Meerengen, welche von der Regelung betroffen werden.

Je niederer die Grenze ist, desto geringer sind aber

---

[1]) Union interparlementaire. Procès-verbaux de la Commission des Détroits et des Canaux maritimes, V, S. 3 ff., S. 7; oben S. unten Anhang III, Art. 1.

auch die Widerstände, welche überwunden werden müssen. Die energische Verwahrung, welche die japanische Delegation der Commission des Détroits et des Canaux maritimes gegen die Neutralisation der Strassen von Korea und La Pérouse einlegte, zeigt, auf welche Schwierigkeiten eine Einbeziehung breiter Meerengen stösst [1]). Dabei muss hervorgehoben werden, dass zwar die Strasse von Korea, als ein Ganzes gemessen, über 180, jene von La Pérouse aber nur über 40 km. breit ist. Nun hat allerdings die ausserordentliche Entwicklung des Minenkrieges, wie überhaupt das Fortschreiten der Kriegstechnik, den Beurteilungsmasstab für die Enge oder Breite einer Meerenge vielleicht nicht unwesentlich verrückt. Eine Strasse von etwa 33 km Breite wie jene von Calais erscheint uns heute mit einer solchen Selbstverständlichkeit als eine Meer„*enge*", dass man vielleicht nunmmehr auch bei breiteren Meerengen auf einen geringeren Widerstand hoffen kann, wenigstens dann, wenn das Abkommen inhaltlich nicht zu weit geht, insbesondere feindselige Akte gegen feindliche Schiffe und feindliche Ware nicht ausschliesst.

Es muss nun gefragt werden, welches denn das für unseren Zweck charakterische Merkmal der Meer„*enge*" ist, welches es bewirkt, dass hier die allgemeinen Rechtssätze über das offene Meer und die Küstengewässer nicht ausreichen. Offenbar liegt es in der geringen Breite jenes Meeresteils, welchen man als Meerenge bezeichnet. Daher wäre zu untersuchen, ob eine

---

[1]) Union interparlementaire; Procès-verbaux de la Commission des Détroits et des Canaux maritimes, II, S. 45 ff.

bestimmte Breite als massgebend hingestellt werden kann und welche.

Es ist wiederholt geltend gemacht worden, so auch von *Penha Garcia* in der Commission de Détroits et des Canaux maritimes [1]), dass Meerengen, welche breiter sind als die doppelte Breite der Küstengewässer beträgt, keiner besonderen Regelung bedürfen, weil sie ohnedies von einem Streifen freien Meeres durchzogen werden. Danach müsste sich also das hier vorzuschlagende Abkommen nur auf jene Meerengen beziehen, welche schmäler sind. Allein ganz abgesehen davon, dass die Breite der Küstengewässer nicht feststeht, ist jene Schlussfolgerung unrichtig. Denn wenn beide Ufer einer Meerenge demselben Staate gehören und dieser in einen Krieg verwickelt ist oder wenn beide Uferstaaten gleichzeitig Krieg führen, so ist die *ganze* Meerenge Kriegsschauplatz und könnte daher nach den *allgemeinen* Sätzen des Völkerrechtes beispielsweise durch Minen vollständig abesperrt werden. Auf die Breite des Küstengewässers kommt es daher nicht an.

Vielmehr dürften vielleicht die folgenden Erwägungen zu einer entsprechenden Lösung des Problems führen.

Meerengen sollen deswegen einer besonderen Regelung unterworfen werden, weil es hier infolge ihrer geringeren Breite leichter als in anderen Teilen des Meeres ist, den Verkehr zu unterbinden Das geplante Abkommen muss demnach gerade jenen Möglichkeiten der Absperrung entgegentreten, welche in engen

[1]) Union Parlementaire, Procès verbaux de la Commission des Détroits et des Canaux maritimes, I, S. 9.

Meeresteilen im Vergleiche zum breiten Meere verhältnismässig besonders leicht technisch durchführbar sind. Es wäre daher jene Maximalbreite zu suchen, bis zu welcher eine Absperrung voraussichtlich so intensiv gestaltet werden kann, dass sie zu einer Unterbindung des Verkehrs führt.

Blosse Störungen und Belästigungen der Schiffahrt, wenn sie auch noch so empfindlich sind, insbesondere die Absperrung durch Schiffe, auch Unterseeboote, welche auf- und abpatroullieren, dürfen hiebei nicht in Betracht kommen, sonst könnte auch ein Ozean als Meerenge gelten. Daher kann es nicht Aufgabe eines Vertrages über die Meerengen sein, etwa die Blockade oder die Erklärung eines Meeresteiles zum Kriegs- oder Sperrgebiet in einer solchen Weise einzuschränken, dass der Verkehr durch eine Meerenge unter allen Umständen völlig unberührt bleiben müsse. Solche Normen sind systematisch in eine allgemeine Kodifikation des Seekriegsrechtes oder in einen Vertrag über die Regelung des Blockaderechtes zu verweisen, nicht in ein Abkommen über die Meerengen. Beispielsweise können Verfügungen wie die deutsche Sperrgebietserklärung vom 31 Januar 1917 nicht deswegen in einem Vertrag über die Meerengen in ihrer Allgemeinheit geregelt oder verboten werden, weil die Sperre des Mittelmeeres gleichzeitig den Verkehr durch den Suezkanal und die Strasse von Gibraltar berührt. Nur der nähere örtliche Umkreis dieser Strassen kann in einem Abkommen über die Meerengen und Kanäle geschützt werden. In diesem näheren Umkreis kann nun allerdings auch die Blockade und die Sperrgebietserklärung verboten oder beschränkt werden, wie dies im Folgenden auch vorgeschlagen werden wird. Aber aus diesen Sperrmitteln das gesuchte charakteristische Merkmal der Breite ableiten zu wollen, wäre sicherlich legislativtechnisch verfehlt. Sonst müssten nach den Erfahrungen des gegenwärtigen Krieges die Nordsee und das Mittelmeer als Meerenge behandelt werden, ja eine Grenze nach oben liesse sich überhaupt nicht aufstellen.

Diese legislativ-technischen Schwierigkeiten verbieten es, auf die Durchführbarkeit einer Blockade oder Sperrgebietserklärung bei der Bemessung der Maximalbreite einer Meerenge de lege ferenda Rücksicht zu nehmen. Auch das Erfordernis der Effektivität würde an jenen Schwierigkeiten kaum etwas ändern. Denn, ganz abgesehen davon, dass die Effektivität gradweise Abstufungen zulässt und daher noch einer genaueren Präzisierung bedürfte, kann man doch nicht die effektive Blockierung einer Meerenge verbieten, die nicht effektive aber zulassen.

Daher kann die gesuchte Maximalgrenze nur aus der Möglichkeit solcher Absperrungsmassregeln abgeleitet werden, welche geeignet sind, dauernd an Ort und Stelle angebracht zu werden und hier den Verkehr dauernd zu unterbinden. Das praktisch weitaus wichtigste Sperrmittel ist heute wohl die *Mine.* Ausschlaggebend wäre also für die gesuchte Maximalbreite die Länge jener Strecke, welche mit Minen oder ähnlichen Zerstörungsmitteln vollständig abgesperrt werden kann. Daneben kämen etwa noch die sogenannte, Steinblockade, die Möglichkeit der Absperrung mit verankerten Netzen und dgl. in Betracht. Doch dürfte, ganz abgesehen von der geringen praktischen Bedeutung dieser Sperrmittel, überall, wo sie anwendbar sind, umsomehr auch die Minensperre anwendbar sein, sodass es genügt, die Realisierbarkeit dieser letzteren zur Grundlage zu nehmen.

Bis zu welcher Breite nun in der angegebenen Weise eine Absperrung durchgeführt werden kann, diese Frage können nur Sachverständige beantworten. Hier soll hypothetisch als das äusserste Maximum 80 km. angenommen werden. Sollten es die Verhältnisse in Zukunft erheischen, so steht nichts im Wege, dass in den künftigen Abkommen über die Meerengen an Stelle der Maximalbreite von 80 km eine andere gesetzt wird. Die Grundzüge dieses Abkommens würden dadurch in keiner Weise berührt. Nur die Zahl, und, wie wir sehen werden, auch die Ausdehnung der unter den Vertrag fallenden Meerengen würde sich ändern.

In diesem Zusammenhang sei übrigens auf einen Punkt aufmerksam gemacht, welcher, wenn er auch nur ein Detail, nämlich eine bestimmte Meerenge betrifft, doch vielleicht in gewissem Grade ein allgemeines Interesse beanspruchen darf. Es handelt sich um die Strasse von Otranto, den Eingang ins adriatische Meer. Sie ist gegen 75 km breit. Trotzdem ist sie sowohl in der Tabelle, welche *Ed. Rolin* seinem Bericht für das Institut für internationales Recht, 1912, beigefügt hat [1]), als auch in den Listen der Commission

[1]) Annuaire de l'Institut de droit international, XXV, (1912), S. 425, Anm. I.

des Détroits et des Canaux maritimes[1]) übersehen worden, obwohl viel breitere Strassen, wie jene von Korea und jene von Yucatan, nicht vergessen sind. Wenn die künftige Regelung der Meerengenfrage nicht einseitigen politischen Zielen Vorschub leisten sondern eine möglichste Gleichheit aller Völker und Staaten sichern will, so kann sie der Adria den Schutz des Zuganges nicht versagen, welchen sie der Ostsee und dem Schwarzen Meer gewährt. Vorausgesetzt ist hiebei, dass es technisch möglich ist, eine Strasse von 75 km. Breite durch Minen und ähnliche Zerstörungsmittel mit Aussicht auf Erfolg vollständig zu sperren. Wäre letzteres für absehbare Zeit ganz ausgeschlossen, so entfiele allerdings die Notwendigkeit, das zu schaffende Meerengenrecht auf die Strasse von Otranto auszudehnen. Es scheint mir aber auf jeden Fall 75 km. zu nahe der oberen Grenze, bei der eine völlige Absperrung eben noch möglich ist, zu liegen, als dass man bei der Raschheit, mit der unsere Technik Fortschritte macht, die Strasse von Otranto *dauernd* aus dem hier behandelten Problemkomplex ausscheiden könnte.

Letzteres gilt auch von anderen Meerengen, welche annähernd von einer solchen Breite sind und für den internationalen Verkehr Bedeutung haben. Ganz besonders ist die Strasse von *Ormus* (50 km.) der Eingang zum Persischen Golf, hervorzuheben, da diese Strasse nach dem Ausbau der Bagdadbahn eine ausserordentliche Wichtigkeit erlangen dürfte. Es scheint daher besser zu sein, wenn die Maximalgrenze von

---

[1]) Union interparlementaire. Procès-verbaux de la Commission u. s. w., S. 6, 12, 13, 36, 37.

vornherein näher der oberen Grenze, also gegen 80 km. festgesetzt wird. Sonst stünde man vor der Gefahr, dass das Übereinkommen, kaum geschlossen, wieder modifiziert und damit die ganzen politischen Schwierigkeiten, welche der Regelung im Wege stehen, ein zweitesmal von Neuem überwunden werden müssten.

Daher ist im vorliegenden Bericht hypothetisch die Grenze von 80 km. beantragt. Sie ist auch in dem unten vorgeschlagenen Vertragsentwurf aufgenommen. Doch kann sie dort leicht ohne wesentliche inhaltliche Aenderungen durch eine andere Ziffer ersetzt werden.

2.) Der zweite Punkt, welcher für den Begriff der Meerenge von Belang ist, betrifft die Unterscheidung zwischen jenen Meerengen, welche für den Weltverkehr wichtig sind und jenen, welche es nicht sind. Auch über die Bedeutung dieser Frage kann uns ein japanischer Protest belehren und zwar jener, welchen auf der zweiten Haager Friedenskonferenz *Keiroku Tsudzuki* in der ersten Unterkommission der dritten Kommission [1]) und im Prüfungsausschuss [2]) vorbrachte [3]). In der Tat muss ihm darin recht gegeben werden, dass die zahlreichen Meerengen zwischen den japanischen Inseln alle unter den von Holland vorgeschlagenen Begriff der „détroits qui unissent deux mers libres" beziehungsweise der „communication entre deux mers libres" gefallen wären. Daraus hätten sich jedenfalls

---

[1]) Deuxième Conférence internationale de la paix. Actes et documents. III, S. 531.

[2]) a. a. O., S. 406.

[3]) Vgl. oben S.

weit mehr Beschränkungen für die japanischen Hoheitsrechte im Küstengewässer ergeben als die Bedürfnisse des internationalen Verkehrs erfordert hätten. Auch der Vertreter der Vereinigten Staaten *Sperry* erklärte damals, dass er unter anderem wegen der grossen Zahl der Meerengen in den Philippinen an der Diskussion nicht teilnehmen könne [1]). Mit einem ähnlichen Widerstand Japans und der Vereinigten Staaten wäre wohl auch bezüglich des Entwurfes der Commission des Détroits et des Canaux maritimes zu rechnen gewesen, welcher all „détroits reliant des mers non intérieures" betrifft.

Endlich sei noch an die Ausführungen *den Beer Poortugael's* im Institut für internationales Recht erinnert, welcher unter Hinweis auf den Archipel von Niederländisch-Indien ganz allgemein für alle Inselgruppen gefordert hatte, dass von den mehreren parallelen Durchfahrten nur eine einzige unbedingt der internationalen Schiffahrt offen stehen müsse [2]).

Es handelt sich demnach darum, aus der Gesamtzahl *aller* Meerengen, welche an ihrer schmalsten Stelle die einmal festgesetzte Maximalbreite, zum Beispiel von 80 km. nicht überschreiten, jene herauszuheben, welche für die internationale Schiffahrt unentbehrlich oder doch von grösserer Wichtigkeit sind.

Zunächst wäre auch hier wie bei der Beantwortung der früheren Frage zu erwägen, ob eine scharfe ziffermässige Abgrenzung durchführbar sei. Hierfür käme

---

[1]) a. a. O., S. 407.

[2]) Annuaire de l'Institut de droit international, XXIII (1910), S. 93, 157; XXV (1912), S. 431.

etwa die Zahl oder der Gesamttonnengehalt der im Jahresdurchschnitt verkehrenden Schiffe in Betracht. Allein abgesehen davon, dass eine solche Regelung umständliche und lange dauernde Vorarbeiten und Erhebungen in den verschiedensten Teilen der Welt voraussetzen würde, könnte das Problem auf eine solche mechanische Weise kaum zufriedenstellend gelöst werden. Denn die Bedeutung einer Meerenge hängt nicht nur von der Zahl oder der Grösse der durch sie verkehrenden Schiffe ab.

Vor allem müssten jene Meerengen besonders vorbehalten werden, welche den *einzigen* Zufahrtsweg zu einem freien Meer bilden. Denn der einzige Zugang zu einem freien Meer müsste dem Weltverkehr auf *jeden* Fall offen bleiben, auch wenn heute nur wenig Schiffe die Durchfahrt benützen. Aber auch andere Gründe können die Bedeutung einer Meerenge unabhängig von Zahl und Grösse der verkehrenden Schiffe erhöhen. Beispielsweise könnte der *Wert* der Ladung oder deren *politische* Bedeutung (Möglichkeit der Zufuhr von Kriegsmaterial für kriegführende Staaten oder für Aufständische, der Zufuhr von Lebensmitteln in ein abgesperrtes Gebiet u. dgl.) schwerer in die Wagschale fallen als die Zahl oder die Grösse der verkehrenden Schiffe. Dann aber kommt bei allen Meerengen, welche nicht im *buchstäblichen* Sinn die *einzige* Zufahrtsstrasse zu einem Meere bilden, die *Grösse des Umweges* in Betracht, zu welchem die Sperrung einer Meerenge die Schiffahrt zwingt. Dieser Umweg aber ist wieder für jede der durch diese Meerenge führenden Routen relativ verschieden gross, und er spielt auch bei gleicher

Grösse je nach dem Verhältnis des Kohlenpreises zum Werte der Ladung, nach dem im allgemeinen verfügbaren Frachtraum, nach der Benützbarkeit anderer Wege (zufrieren im Winter u. dgl.) und nach der Lage zahlreicher anderer wirtschaftlich bedeutsamer Faktoren in den einzelnen Fällen eine sehr verschiedene Rolle.

Von einer ziffermässigen Abgrenzung muss demnach abgesehen werden. Es bleibt nur die Statuierung eines allgemein umschriebenen Begriffs unter Verzicht auf scharfe Grenzen.

Dieser Begriff wird wieder zweierlei umfassen müssen: erstens *alle* Meerengen, welche die *einzige* Verbindung zwischen zwei Meeren bilden; zweitens *je eine* von mehreren *parallel* laufenden natürlichen Wasserstrassen. Die erste Gruppe bedarf wohl keiner weiteren Erörterung. Was die zweite anbelangt, so wird vielleicht die geeignetste Formel darin zu finden sein, dass man dem Abkommen die *hauptsächlichste* Verbindung zwischen zwei freien Meeren unterwirft. Diese Formel hat den Vorteil der Kürze und Allgemeinheit. Dagegen ist der Nachteil der Unbestimmtheit, der ihr wie sehr vielen allgemeinen Formeln anhaftet, vielleicht doch verhältnismässig geringer. Denn sie bringt wenigstens klar und deutlich zum Ausdruck, erstens, dass von mehreren parallelen Meerengen nur *eine* in Betracht komme, zweites, dass es diejenige sei, an welcher der Verkehr *am meisten* interessiert ist. In vielen Fällen wird letzteres notorisch sein und keines Beweises bedürfen. Jene Eventualitäten dagegen, in denen Zweifel oder Streit über die Frequentierung mehrerer

Routen entstünde, könnten ja heute ohnedies nicht endgültig geordnet werden, weil erst Vorarbeiten erforderlich wären.In dieser Beziehung dürfte es daher empfehlenswert sein, die Schwierigkeiten nicht unnötig zu häufen und das Abkommen nicht mit Detailbestimmungen zu belasten, sondern die Beantwortung solcher Einzelfragen speziellen Verträgen, der Judikatur internationaler Gerichte oder fallweise eintretenden Schiedssprüchen zu überlassen.

Aus all den vorgenannten Gründen wird demnach vorgeschlagen, die Wasserstrassen, welche unter dass geplante Abkommen zu subsumieren wären, im Artikel 1 dieses Abkommens in folgender Weise zu definieren:

Sont assujettis à la présente convention.

1.) Les détroits qui constituent la seule ou la principale communication entre deux mers libres et dont la largeur minimum n'excède pas............ (par exemple 80) kilomètres.

2.) Les canaux de Suez et de Panama.

II. Wir gelangen nun zu der Frage nach der örtlichen Abgrenzung der Gebiete, welche internatinalisiert werden sollen. Es ist dies die Frage nach der Längenausdehnung, genauer nach der Flächenausdehnung der Meerengen und nach den Schutzrayons an den Mündungen der Meerengen und Kanäle.

A. Zuerst soll hier von den Meerengen die Rede sein.

Die Frage nach der Längen- beziehungsweise der Flächenausdehnung der Meerengen ist als ein legislativ-technisches Problem bisher nicht nur nicht gelöst, sondern, soviel ich zu sehen vermag, in ihrer vollen Tragweite überhaupt kaum aufgeworfen und erörtert worden. Trotzdem muss diese Frage hier in Angriff ge nommen werden. Es scheint mir nun, dass sie de lege ferenda sehr leicht in einen solchen Zusammenhang mit der Frage nach der Breite gebracht werden kann, dass die Beantwortung der zuletzt genannten Frage jene der ersten von selbst, gewissermassen automatisch nach sich zieht.

Das Prinzip, welches hier vorgeschlagen wird, wäre folgendes:

Die Meerenge erstreckt sich soweit, als die beiderseitigen Ufer nicht weiter als die festgesetzte Maximalbreite auseinandertreten. Wo immer auf der Erdkugel zwei Meeresküsten sich auf weniger als diese Distanz einander nähern und die sonstigen Voraussetzungen (einzige oder hauptsächlichtste Verbindung zwischen zwei freien Meeren) gegeben sind, liegt eine internationalisierte Meerenge im Sinne des Abkommens vor. Das internationalisierte Gebiet gegen das freie Meer nach beiden Seiten hin von jenen beiden Linien begrenzt, welche, senkrecht auf der Hauptdurchfahrtslinie von einem zum anderen gezogen, gerade jene Länge, z. B. 80 km, nicht mehr, nicht weniger, messen. Die zwischen diesen beiden Linien und den beiden Ufern liegende Meeresfläche ist von den *allgemeinen* Rechtssätzen über das freie Meer und über die Küstgewässer eximiert.

Die Tragweite der im Vorstehenden skizzierten Auffassung kann man für die Zwecke einer vorläufigen Orientierung an der Hand der Landkarte leicht übersehen, wenn man die Maximalbreite in den Zirkel nimmt. Beispielsweise würde bei einer Maximalbreite von 80 km. die Strasse von Calais ungefähr in der Höhe von North-Foreland und Dünkirchen beginnen und in der Höhe von Hasting und der Canchemündung endigen. Das Marmarameer würde mit dem Bosporus und den Dardanellen zusammen eine einzige „Meerenge" bilden, wie dies übrigens, ohne das Problem der Maximalbreite zu berühren, bereits *Penha Garcia* in der Commission des Détroits et des Canaux maritimes behauptet hatte, um dem türkischen Anspruch zu begegnen, dass das Marmarameer ein Binnenmeer sei [1]). Für die Verbindung der Nordsee mit der Ostsee käme wohl der Sund in Betracht. Dieser würde beispielsweise nach Südosten bis in die Höhe von Möens Klint-Trelleborg ein geschütztes Gebiet bilden, während er nördlich schon bei Kullen in freies Meer münden würde. Bei Skagens Rev (Nordsspitze von Dänemark) und in der Linie Trelleborg-Rügen hätte die Schiffahrt noch zwei Einschnürungen des Meeres von weniger als 80 km, Breite zu passieren.

Gerade an dem Beispiel solcher bisher nicht als „Meerengen" betrachteter Einschnürungen wie es die zuletzt genannten sind, zeigt sich die Tragweite des hier vorgeschlagenen Prinzips. Die Sperre wird da verboten, wo sie technisch auch nur annähernd und mit Rücksicht auf eine eventuelle zukünftige Entwicklung in absehbarer Zeit im Bereich der Möglichkeit liegt. Vorausgesetzt ist bei den obigen Ausführungen nur,

---

[1]) Union interparlementaire. Procès-verbaux de la Commission de Détroits et des Canaux maritimes, IV, S. 3.

dass 80 km. die obere Grenze für diese technische Möglichkeit bildet. Aendert sich diese Ziffer, so ergibt die Anwendung des Prinzips auf die einzelnen geographischen Bildungen der Küsten und Inseln sofort auch andere praktische Ergebnisse; aber das hier vorgeschlagene Prinzip bleibt immer dasselbe, ob man nun 20 oder 200 Kilometer als die obere Grenze jener technischen Möglichkeit annimmt.

Da eine Anzahl von Meerengen verhältnismässig schmal ist und rasch in ein weites Meeresbecken übergeht, so würde das Schutzgebiet solcher Meerengen, wenn man eine bedeutende Maximalgrenze wie 50 oder gar 80 km. annimmt, an einer oder beiden Seiten in trichterförmige Seeflächen von scheinbar unnötiger Breite ausmünden. So würde beispielsweise die Strasse von Gibraltar bei Annahme einer Maximalbreite von 80 km. östlich ungefähr von der Linie Guardiaromündung- Col Mazari, westlich beiläufig von derLinie Cap Trafalgar-Arzila begrenzt werden.

Allein man muss berücksichtigen, dass eine Sperre keineswegs gerade nur im engsten Teile der Meerenge errichtet werden kann. Sobald man der Meinung ist, dass heute oder in absehbarer Zeit Strecken beispielsweise bis zu 50 oder 80 km. für die Schiffahrt mit Erfolg vollständig gesperrt werden können, muss man auch die Folgerung daraus ziehen und den Schutz so weit ausdehnen, dass eine Umgehung des Sperrungsverbotes durch eine Sperre ausserhalb des geschützten Gebietes unmöglich wird. Es ist sicherlich für den Weltverkehr ebenso störend und für den Weltfrieden ebenso gefährlich, wenn beispielsweise die Strasse von

Gibraltar an einer der beiden Grenzlinien als wenn sie an der schmalsten Stelle abgesperrt wird. Vorausgesetzt ist also auch hier nur, dass die Grenzlinie erst dort gezogen wird, wo es sicher ist, dass die technische Möglichkeit der vollständigen Absperrung nicht mehr besteht.

Besondere Schwierigkeiten der Abgrenzung ergeben sich in Inselgruppen. Auch wenn hier unter mehreren parallelen Durchfahrten eine als die am meisten frequentierte Wasserstrasse ausgewählt ist, bleibt es noch immer ein zu lösendes Problem, wie diese Strasse nach rechts und links abzugrenzen sei. Bald wird vielleicht nach rechts, bald nach links die nächste Insel so weit zurücktreten, dass die Maximalbreite überschritten ist. Die Strasse wäre in solchen Fällen bald Meerenge, bald freies Meer. So würde beispielsweise bei einer Maximalbreite von 80 km. die Fortsetzung der Dardanellenstrasse im Aegäischen Meer zunächst zwischen Imbros und dem kleinasiatischen Festland, dann zwischen Imbros und Tenedes als „Meerenge" hindurchlaufen, dann würde ein kurzes Stück freies Meer folgen, sodann wieder „Meerenge" zwischen Lemnos und dem Festland beziehungsweise Tenedos, dann abermals freies Meer, nunmehr neuerlich „Meerenge" zwischen Lesbos und Hagiostrati u. s. w. Dies mag kompliziert erscheinen, ist aber doch der einzige Weg, um die freie Durchfahrt durch einen Archipel zu sichern, ohne die Meeresfreiheit mehr als unbedingt erforderlich anzutasten, und um die etwa notwendige Kontrolle auf das möglichst geringste Mass herabzudrücken. Im Uebrigen steht nichts im

Wege, für einzelne Archipel die Rechtstslage durch Spezialabkommen zu vereinfachen, indem quer durch den Archipel eine internationale Strasse gezogen wird, vergleichbar ihrer äusseren Umgrenzung nach etwa der Strasse, welche Deutschland bei der Proklamierung des verschärften Unterseebootkrieges mit der Sperrgebietserklärung vom 31 Januar 1917 der griechischen Schiffahrt im westlichen Mittelmeer offen gelassen hat. Auch die Breite solcher Strassen müsste wohl, wo diese nicht zwischen den Inseln eine natürliche seitliche Begrenzung finden, jener oft erwähnten Maximalbreite entsprechen.

Es ist früher betont worden, dass die Maximalbreite der Meerengen nur auf Grund eines Gutachtens von Sachverständigen über die technische Möglichkeit der völligen Absperrung festgesetzt werden kann. Die zuletzt vorgebrachten Erwägungen haben nun versucht, ein Bild davon zu geben, welchen Einfluss die Wahl einer bestimmten Maximalbreite auf die Meereskarte hat. Das vorgeschlagene Prinzip und die Methode seiner Anwendung ändern sich, wie wir gesehen haben, nicht, wenn beliebige andere Distanzen zugrundegelegt werden. Sollten also die militärischen Sachverständigen die Maximalgrenze für gänzlich absperrbare Linien für erheblich grösser oder geringer erachten als in den obigen Beispielen angenommen worden ist, so müsste mit der Maximalbreite automatisch auch die Längen- —beziehungsweise Flächenausdehnung der Meerengen eine bedeutende Herauf — oder Herabsetzung erfahren. Es scheint aber auch in Hinsicht auf die Längen — und Flächenausdehnung ebenso wie in Hinsicht auf die Auswahl der Meerengen nach ihrer Breite an der schmalsten Stelle empfehlenswert zu sein,. im *Zweifel* lieber eine grössere als eine kleinere Distanz dem Abkommen zugrundezulegen. Denn es ist sicherlich leichter, irgend welche Flächen, deren Internationalisierung unerwünscht oder unnötig ist, durch Spezialverträge von der Geltung des besonderen Meerengenrechtes auszunehmen, als das eben erst vielleicht unter Schwierigkeiten zu standegebrachte Abkommen auf weitere Flächen ausdehnen zu müssen. Auch unter diesem Gesichtspunkt dürfte die Distanz von 80 km. der auf den ersten Blick vielleicht entsprechenderen von 40 oder 50 km. vorzuziehen sein.

Eines muss noch hervorgehoben werden. Die hier vorgeschlagenen Grenzen der zu schützenden Meeresflächen lassen sich in der Natur nicht mit absoluter Schärfe bestimmen. Dazu kommt, dass die Begriffsbestimmung selbst einige Momente der Unklarheit nicht vermeiden kann, insbesondere in Bezug auf die Hauptdurchfahrtsrichtung und daher die Richtung der senkrecht auf ihr stehenden beiderseitigen Grenzen gegen das freie Meer. Es ist beispielsweise nach den dargelegten Grundsätzen nicht vollkommen eindeutig zu entscheiden, ob die südwestliche Grenze der Strasse von Calais in der Richtung von Hastings gegen die Canchemündung oder beispielsweise von Rye Harbour gegen Berck-sur-Mer zu ziehen sei.

Derlei Unsicherheiten lassen sich wohl nur durch spezielle Verträge über einzelne Meeresteile beseitigen. Ein allgemeines Abkommen kann nur in großen Zügen die Richtlinien festlegen, es kann nicht in einigen wenigen Paragraphen allen geographischen Bildungen des Erdballs Rechnung tragen. Ebenso kann ja in Verträgen über Landgrenzen, zum Beispiel bei Gebietsabtretungen, nicht immer eine dem Terrain angepasste Linie bezeichnet werden, welche jede Erdscholle völlig eindeutig der einen oder anderen Seite zuweist. Auch die Grenze der Küstengewässer steht ja, selbst wenn man etwa die Dreimeilenzone oder eine andere ziffernmässig bestimmte Zone als unbestritten anerkannt voraussetzt, nicht vollkommen genau fest. Es kann also die hier vorgeschlagene Abgrenzung, solange nicht eine bessere gefunden ist, schwerlich bloss deswegen abgelehnt werden, weil sie nicht vollkommen präzis sei.

Es handelt sich nun darum, die erörterten Prinzipien in eine möglichst einfache Formel zusammenzufassen. Vielleicht würde es genügen, wenn ausgesprochen würde, dass die Bestimmungen der Konvention über die Meerengen soweit Anwendung finden, als die Meerenge die festgesetzte Breite nicht überschreitet. Hiebei kann angenommen werden, es sei schon im Begriff der Breite eingeschlossen, dass sie senkrecht auf die Hauptdurchfahrtsrichtung zu messen ist. Es wäre daher ausreichend, von der „Breite", „largeur", der Meerenge zu reden, ohne dass weitere Details in den Vertrag aufgenommen werden müssten.

Die Ausdehnung der Meerenge könnte demnach etwa in folgender Weise umschrieben werden:

„Le régime spécial des détroits visés dans l'article premier s'étend sur toute la longueur de détroit en tant que la largeur n'excède pas.... (par exemple 80) kilomètres."

B. Was die Kanäle anbelangt, so handelt es sich darum, das Schutzgebiet an den beiderseitigen Mündungen des Kanals abzugrenzen. Der Suezkanalvertrag tut dies, indem er mit den Worten: „ainsi que dans un rayon de trois milles marins de ces ports" (nämlich der „ports d'accès") das Verbot feindseliger Akte auf drei Seemeilen im Umkreis von den Eingangshäfen ausdehnt. Der Hey-Pauncefote-Vertrag vom 18 November 1901 bildet eine ebensolche Zone, erklärt aber in dieser ganz allgemein alle Bestimmungen über die Neutralization" für anwendbar, indem er im Art. 13 Zahl 5 sagt: „The provisions of this article shall apply to waters adjacent to the canal, within three marine miles of either end."

Die Commission des Détroits et des Canaux maritimes hat in ihren Beschlüssen vom 9. Januar 1913, in welchen sie den Entwurf eines Reglements für die „canaux interocéaniques proprement dits" behandelte, die internationalisierte Zone an den Kanalmündungen entsprechend einem Beschluss des Instituts für internationales Recht von 3 auf 6 Seemeilen erweitert. [1]).

Dieser zuletzt erwähnte Verbesserungsvorschlag ist zwar prinzipiell zu billigen, aber schwerlich ausreichend. Denn erstens kann die Schutzzone wohl nicht enger bemessen sein als die Küstengewässer. Die Ausdehnung der Küstengewässer steht aber heute nicht fest und dürfte eine Erweiterung auf mehr als

[1]) Union interparlementaire. Procès-verbaux de la Commission des Détroits et des Canaux maritimes, III, S. 23.

6 Seemeilen erheischen. Zweitens sind hier jene Gedankengänge zu wiederholen, welche oben gelegentlich der Erörterung der räumlichen Ausdehnung der Meerengen vorgebracht worden sind. Erst wo die Ufer so weit auseinandertreten, dass eine völlige Absperrung technisch unmöglich ist, liegt kein Grund mehr vor, die Freiheit des Meeres und die Hoheitsrechte im Küstengewässer zu beschränken. Soweit aber die Gestaltung der Küsten eine wirksame Absperrung als in absehbarer Zeit möglich erscheinen lässt, muss die internationalisierte Zone reichen.

Wenn man wieder, wie oben, hypothetisch die Maximalbreite von 80 km. zugrundelegt und vorläufig von einer Unterscheidung des Rechtes der Meerengen und des Rechtes der Kanäle absieht, ergibt sich demnach folgendes Bild. Das Schutsgebiet des Suezkanals würde nach Süden den ganzen Meerbusen von Suez bis in die Höhe von Ras Muhammed, jenes des Panamakanals einen kleinen Teil des Golfs von Panama bis in die Höhe von Punta Chamé umfassen. An den Nordenden beider Kanäle treten die Ufer beiderseits nahezu senkrecht zu der allgemeinen Richtung des Kanals zurück. Hier würde ein Schutzrayon nach Art des bisherigen genügen, nur müsste sein Halbmesser mindestens so gross wie die Breite der Küstengewässer, aber wohl auch mindestens so gross wie die Reichweite der weittragendsten Geschütze sein. Es kann wohl kaum ein stichhaltiger Grund dagegen angeführt werden, dass auch hier lieber eine grössere als eine kleinere Meeresfläche internationalisiert werde. Vielleicht könnte man hypothetisch und beispielsweise den Radius mit 20 Kilometer annehmen.

Nun darf nicht übersehen werden, dass das Recht der Meerengen und jenes der Kanäle inhaltlich kaum ganz übereinstimmend festgesetzt werden kann. Auch im Folgenden werden zum Teile verschiedene Rechtssätze für die Meerengen und für die Kanäle vorgeschlagen werden, insbesondere bezüglich des Minenlegens und der feindseligen Akte gegen durchfahrende Schiffe. Daher ist es notwendig, den Schutzrayon von beispielsweise 20 km an beiden Mündungen der Kanäle festzusetzen, um jenes Gebiet abzugrenzen, in welchem die besonderen Rechtssätze für *Kanäle* gelten. Dass ausserdem für den Meerbusen von Suez und für den Nordteil des Golfes von Panama bis zur Breite von beispielsweise 80 km die Rechtssätze über *Meerengen* Anwendung zu finden hätten, ergäbe sich nach dem früher Vorgeschlagenen vielleicht von selbst, da schon die blosse Existenz des Kanals die einseitig offene Bucht in eine zweiseitig offene Durchfahrt verwandelt. Die Rechtslage der beiden genannten Meerbusen bedürfte daher keiner ausführlicheren Normierung. Immerhin wäre ein kurzer Hinweis über die Anwendbarkeit des Rechtes der Meerengen am Platze, um Zweifel auszuschliessen.

Es wird daher die folgende Bestimmung beantragt:

Le régime special des canaux s'étend sur les eaux avoisinantes au canal dans la limite de.... (par exemple 20) kilomètres de chaque extrémité du canal.

Le Golfe de Suez et la partie septentrionale du Golfe de Panama sont considérés comme détroits en tant que la largeur de ces golfes n'excède pas.... (par exemple 80) kilomètres.

III. Mit diesen Erwägungen dürfte das Wichtigste dessen erschöpft sein, was über das Geltungsgebiet der geplanten allgemeinen Regelung zu sagen ist. Es ist bereits oben betont worden, dass eine solche allgemeine Regelung zukünftigen abweichenden Spezialverträgen über einzelne Meerengen durchaus nicht vorgreifen würde. Auf solche Zukunftsmöglichkeiten heute schon einzugehen, kann jedoch nicht Aufgabe des vorliegenden Berichtes sein.

Hiegegen muss eine andere Frage erörtert werden, nämlich jene, ob *ältere* Spezialverträge in Geltung zu belassen seien oder ob sie vollständig durch das neue Abkommen ersetzt werden sollen. Es handelt sich einesteils um ältere Verträge über einzelne Meerengen, zum Beispiel die türkischen Meerengen oder die Magellanstrasse, anderseits um die Neben- und Sonderbestimmungen der Verträge über den Suez- und Panamakanal, welche nicht unmittelbar das Durchfahrtsrecht von Schiffen betreffen, zum Beispiel über die Baulichkeiten und Maschinen, über die Polizeibefugnisse der Territorialbehörden zum Schutze der Kanalanlagen, über den Süsswasserkanal von Suez u. s. w.

Der Inhalt aller dieser Bestimmungen ist überaus mannigfaltig; ebenso verschieden ist der Kreis der Staaten, welche durch jeden einzelnen dieser Verträge gebunden werden. Es ist legislativ-politisch kaum ratsam, all diese heterogenen Verhältnisse unter einen Hut bringen zu wollen. Ist einmal das allgemeine Abkommen über die Internationalisierung der Meerengen und Kanäle zustandegekommen, so kann ja der weitere Ausbau in Angriff genommen werden. Heute aber muss in erster Linie die Hauptsache, nämlich das Durchfahrtsrecht von Schiffen, geregelt werden. Solange dieses nicht sichergestellt ist, hätte es wenig praktische Aussicht, noch weitergehende Einschränkungen der Hoheitsrechte der Uferstaaten oder nebensächliche Einzelheiten in einem allgemeinen Vertrag festlegen zu wollen.

Unter den älteren Vertragsbestimmungen sind daher zunächst diejenigen auszuscheiden, welche *nicht* das Recht und die Bedingungen der Durchfahrt von Schiffen durch Meerengen und Kanäle durch Ausnahmen von den allgemeinen Rechtssätzen über das offene Meer, die Küstengewässer und die Gebietshoheit regeln, sondern einen *anderen* Inhalt haben.

In diese Gruppe gehört beispielsweise Art. 5 Satz 2 des Vertrages zwischen Argentinien und Chile vom 23. Juli 1881, welcher die Anlegung von Befestigungen an der Magellanstrasse verbietet. Eine ähnliche Bestimmung ist Art. 7 des englisch-französischen Vertrages vom 8 April 1904 über Befestigungen an der Südküste der Strasse von Gibraltar. Hieher sind ferner die schon erwähnten Neben- und Sonderbestimmungen der Verträge über den Suez- und Panamakanal zu rechnen.

Derlei Normen sind nicht zum Gegenstand des vorliegenden Berichtes und des unten zusammengestellten Vertragsentwurfes gemacht. Sie würden daher, wenn das hier vorgeschlagene Abkommen abgeschlossen würde, unberührt in Geltung bleiben, ohne dass sie einer besonderen Erwähnung bedürfen.

Eine zweite Gruppe bilden jene Vertragsbestimmungen, welche die Gebietshoheit im Küstengewässer oder die Rechtssätze über das offene Meer im Interesse der Durchfahrt von Schiffen durch Meerengen und Kanäle modifizieren. Nur diese Bestimmungen kommen hier in Frage.

Utner ihnen sind wieder solche zu unterscheiden, welche inhaltlich mit einer Norm des hier vorgeschlagenen Abkommens übereinstimmen, und solche, mit welchen dieses Abkommen in Widerspruch steht.

Zu den ersteren gehören beispielsweise jene Anordnungen über den Suez- und den Panamakanal, welche die Freiheit des Verkehrs, das unbedingte Durchfahrtsrecht, allen Schiffen zusichern (Art. 1 Abs. 1 des Suezkanalvertrages, Art. 3 Punkt 1 Satz 1 des Hay-Pauncefote-Vertrags vom 18 November 1901). Derlei Normen würden in dem neuen Vertrag ohne Weiteres aufgehen Sie ausdrücklich aufrecht zu erhalten, bestünde kein Anlass, sie ausdrücklich aufzuheben, wäre überflüssig.

Es können daher nur jene Spezialbestimmungen über die Durchfahrt durch Meerengen und Kanäle Gegenstand besonderer Erwägung sein, welche mit Bestimmungen des hier vorgeschlagenen Abkommens in Widerspruch stehen. Praktisch-politisch spielt wohl nur das Problem der türkischen Meerengen eine Rolle. Nun wird zwar das rechtliche Schicksal dieser Wasserstrassen möglicherweise durch den Krieg in einer

Weise entschieden werden, welche alle Erörterungen über ihre Sonderstellung an dieser Stelle überflüssig machen könnte. Es ist aber auch das Gegenteil möglich und an dieser Eventualität kann der vorliegende Bericht nicht ganz vorübergehen. Dies ist umso berechtigter, als es sich um eine Frage von prinzipieller Bedeutung handelt. Denn das Wesentliche an der bisherigen Sonderstellung der türkischen Meerengen ist deren *Schliessung für fremde Kriegsschiffe.* Es könnte nun auch für andere Wasserstrassen die Frage aufgeworfen werden, ob sie nicht in der Weise zu „neutralisieren" seien, dass sie für Kriegsschiffe geschlossen werden oder dass zum mindesten Kriegsschiffe strengeren Vorschriften unterworfen werden. Daher ist das Problem der Schliessung für Kriegsschiffe auch über den einzelnen Anwendungsfall hinaus von Interesse. Wenn auch dasjenige, was über die geographische Eigenart des Bosporus und der Dardanellen zu sagen ist, nicht verallgemeinert werden kann, so gibt doch die Frage der Zulassung bewaffneter Schiffe Gelegenheit zu allgemeinen Betrachtungen.

Die Meerengen von Konstantinopel [1]) befinden sich in mehrfacher Hinsicht in einer einzigartigen

[1]) Vgl. aus der überaus reichen Literatur statt Vieler das Werk „La Mer Noire et les détroits de Constantinople, Paris, 1899, daselbst S. I—VIII ausführliche Literaturangaben. Hiezu *Lozé*, La question des détroits, 1908; *Goriainow*, Le Bosphore et les Dardanelles, 1910; *Kumrow*, Der Bosporus und die Dardanellen, 1913; *Hasenclever*, Die orientalische Frage, 1914; *Dascovici*, La question du Bosphore et des Dardanelles, 1915; *Denelrino*, Bosporus und Dardanellen, 1915; *Hoschiller*, L'Europe devant Constantinople, 1916; *Buxton*, in The Contemporary Review vom Juni 1917 u. a.

Lage, zu welcher sich, heute wenigstens, bei keiner Meerenge der Erde eine auch nur einigermassen zutreffende Analogie findet.

Erstens liegt Konstantinopel, die Hauptstadt des türkischen Reiches, der Mittelpunt der mohammedanischen Kultur und eines der wichtigsten Verkehrszentren der Welt, unmittelbar am Bosporus, der Beschiessung durch passierende Kriegsschiffe offen preisgegeben. Man könnte geneigt sein, darauf hinzuweisen, dass auch Kopenhagen ähnlich gelegen sei. Allein erstens ist der Sund bei Kopenhagen so breit, dass, wenn etwa im östlichen Teil eine Durchfahrtsrinne offen stünde, die dänische Hauptstadt durch eine Minensperre wenigstens gegen Angriffe aus unmittelbarer Nähe wirksam gesichert werden könnte. Zweitens ist der Sund nicht die einzige Verbindung von der Nordsee zur Ostsee.

Noch schwerer wiegt vielleicht das zweite Argument, welches für die Aufrechterhaltung oder Erneuerung der Spezialverträge über die türkischen Meerengen in die Wagschale geworfen werden könnte. Bei Konstantinopel kreuzt der Seeweg, der von Russland ins Mittelmeer führt, den Landweg. von Zentraleuropa nach Vorderasien. Der Bosporus und die Dardanellen sind eben so schmal, dass sie dem Verkehr zu Lande kein grösseres Hindernis entgegenstellen als etwa ein breiter Strom. Nun handelt es sich hier un einen Landweg von der allergrössten Wichtigkeit. Die Geschichte seit dem fernen Altertum bis zu den heutigen Tagen hat bewiesen, dass er eine der grössten Völkerstrassen der Welt bildet an Bedeutung ganz gewiss nicht hinter jenem Seeweg zurücksteht. Ein Eindringen von Kriegsschiffen in die Meerengen könnte nun diesen Verkehrsweg zerschneiden und dadurch unabsehbare politische Konsequenzen nach sich ziehen.

Zu den beiden Gründen kommt noch ein dritter. Es ist von russischer Seite wiederholt, so auch in der Commission des Détroits et des Canaux maritimes, geltend gemacht worden, dass eine Oeffnung der türkischen Meerengen Russland zu bedeutenden maritimen Rüstungen im Schwarzen Meere nötigen würde. Dieser Gesichtspunkt ist allerdings sicherlich nicht der einzige, unter welchem die russischen Interessen an den Zugängen zum Schwarzen Meer zu betrachten sind. Immerhin ist er von grossem Gewicht. Er ist weder durch den Krieg noch durch die russische Revolution überholt. Laut Zeitungsnachrichten hat der Minister des Aeussern Miljukow in einer am 7 April 1917 den Vertretern der Presse in Petersburg gewährten Unterredung erklärt, im Falle der Neutralisation der türkischen Meerengen würde die freie Durchfahrt von fremden Kriegsschiffen in das Schwarze Meer Russland zwingen, seine Küsten an diesem Meer stark zu befestigen und daselbst eine bedeutende Kriegsflotte zu halten. Diese Lage wäre schlimmer als jene vor dem Krieg. Besser als eine Oeffnung der Meerengen für fremde Kriegsschiffe wäre es für Russland immer noch, die Meerengen unter türkischer Herrschaft zu lassen. Letzteres sei nur wegen des deutschen Anspruchs auf ein ununterbrochenes Gebiet Berlin-Bagdad unmöglich [1]).

[1]) Vgl. auch The Nation vom 9. Dezember 1916, S. 346, 347.

Also auch heute wird von einer massgebenden russischen Persönlichkeit der Rechtszustand, welcher vor dem Krieg bestand, einer Internationalisierung der Meerengen vorgezogen. Parallele Interessen hat Rumänien, vielleicht auch Bulgarien. Nun ist es zwar nicht der Zweck des hier zu erörternden allgemeinen Abkommens über die Meerengen, irgend einer Macht Rüstungen zu ihrer Verteidigung zu ersparen. Wenn aber, wie wir gesehen haben, die Verteidigungsinteressen der Türkei, die Verkehrsinteressen von ganz Zentraleuropa und Vorderasien und überdies auch noch wichtige Interessen Russlands und anderer Nachbarn des Schwarzen Meeres in dem Punkt zusammentreffen, dass der frühere Rechtszustand betreffend die Schliessung für Kriegsschiffe besser sei als die völlige Freiheit der Durchfahrt für Schiffe aller Art, so wiegt dies alles zusammen doch so schwer, dass es nicht unerörtert bleiben kann.

Allein trotz der angeführten Erwägungen dürfte doch eine Aufrechterhaltung des früheren Rechtszustandes grossen Schwierigkeiten begegnen. Er ist, wie mir scheint, in einem sehr wesentlichen Punkte durch die Tatsachen überholt.

Die Verträge über die türkischen Meerengen beruhten auf der im bisherigen Völkerrecht üblichen Unterscheidung von Kriegs- und Handelsschiffen. Der Sinn, die ratio jener Verträge bestand eben darin dass nur unbewaffnete Schiffe die Meerenge passieren dürfen, gleichgültig, welchem Zweck das Schiff diente. Das unbewaffnete Schiff war das „Handelsschiff", das bewaffnete das „Kriegsschiff". Das Völkerrecht unterschied diese beiden Gattungen von Schiffen, wenn auch vielleicht nicht mit absolut vollkommener Schärfe, dennach streng voneinander[1]). Ein Mittelding war nicht anerkannt. Auch die russische „Freiwillige Flotte" und ganz im allgemeinen die sogenannten Hilfskreuzer können nicht als ein solches angeführt werden. Vielmehr beweisen gerade die bekannten Kontroversen über die russiche Freiwillige Flotte, dass man nur ein aut-aut, Kriegs- oder Handelsflagge, aber kein Mittelding kannte. Dasselbe gilt auch von der „Umwandlung" von Hilfskreuzern. Als beispielsweise in dem oft erörterten Fall aus dem russich-japanischen Krieg Hilfskreuzer der russischen Schwarzmeerflotte die türkischen Meerengen als Handelsschiffe passierten und danach auf offener See in Kriegsschiffe umgewandelt wurden, zeigte die Beurteilung, welche dieser Vorgang erfuhr[2]), dass es für die damalige Auffassung nur ein Entweder-Oder aber keine Zwischenkategorie gab.

Auch das VII. Haager Abkommen hat an dem Unterschied von Kriegs- und Handelsschiffen nicht gerüttelt, im Gegenteil, ihn durch die Normen über die Umwandlung zu klären versucht.

Der Gegensatz zwischen Kriegs- und Handels-

---

[1]) Vgl. statt Vieler namentlich *Willms*, Die Umwandlung von Kauffahrteischiffen, in Kriegsschiffe, 1912, *Kriege* in *Niemeyer's* Zeitschrift für internationales Recht, XXVI (1916), S. 76 ff und die bei *Willms* S. XI—XV und bei *Kriege* S. 72 ff, Anmerkung, zitiertereiche Literatur.

[2]) Vgl. statt Vieler beispielsweise Nautikus (Jahrbuch für Deutschlands Seeinteressen) 1905, S. 237 ff; *Hershey*, The International Law and Diplomacy of the Russo-Japanese War, 1906, S. 151, und The Essentials of International Public Law, 1912, S. 421, Anm. 8; Kriege a. a.O. S. 83 ff.; *Willms*, a. a. a. O., S. 76 ff.

schiffen war keineswegs bloss ein solcher juristischer Begriffe und formaler Kennzeichen. Er war in der Praxis ein so gewaltiger, dass das vielfach, insbesondere in der englischen und amerikanischen Literatur und Rechtsprechung anerkannte [1]) Verteidigungsrecht der Handelsschiffe gegen einen auf Wegnahme zielenden Angriff seit der Abschaffung der Kaperei seine Anwendungsmöglichkeit vollständig verloren hatte. Denn kein Handelsschiff konnte daran denken, einem Kriegsschiffe Widerstand zu leisten.

Erst in der letzten Zeit vor dem Kriege ist in die Frage ein neues Moment gebracht worden, als England gemäss einer Ankündigung des Ersten Lords der Admiralität *Winston Churchill* im Unterhause vom 26 März 1913 begann, Handelsschiffe zu bewaffnen. Allerdings erklärte Churchill, dass diesen Schiffen ein völlig anderer Charakter zukomme als den Hilfskreuzern. Es handle sich bei der Bewaffnung nur um Abwehrmittel gegen Angriffe. Weiter versicherte er am 17 März 1914 im Unterhaus, dass die Handelsschiffe nur zu Verteidigungszwecken („for defensive purposes") bewaffnet seien und dass die Geschütze an dem Stern des Schiffes angebracht seien, sodass lediglich auf einen Verfolger gefeuert werden könne. Es sei ihnen nicht erlaubt, mit Kriegsschiffen zu kämpfen und sie seien instruiert, sich zu ergeben, wenn sie von einem Kriegsschiff aufgebracht würden. Sie seien lediglich geeignet, sich gegen ein

---

[1]) Vgl. statt Vieler *Oppenheim* in der Zeitschrift für Völkerrecht, VIII (1914), S. 154 ff, *Triepel*, ebenda, S. 391 ff., und die daselbst zitierte Literatur.

feindselig bewaffnetes Handelsschiff zu verteidigen.

Mit diesen Massregeln war immerhin eine gewisse Unklarheit in die Materie hineingetragen worden, namentlich indem es fraglich werden musste, erstens, gegen wen denn Handelsschiffe zur Verteidigung befugt seien, zweitens, wo die Grenze zwischen der Verteidigung und dem Angriff liege. Derlei Zweifel haben sich auch in der Literatur gezeigt [1]). Das Institut de droit international hat sich auf seiner Tagung in Oxford 1913 gelegentlich der Beratung des „Manuel des lois de la guerre maritime" mit der Frage beschäftigt, wobei es auch den Begriff des Angriffs und der Verteidigung erörterte [2]). Zu einer Einigung gelangte man jedoch nur bezüglich des wenig klaren und geradezu zweideutigen Satzes, dass es *allen* Schiffen der Kriegführenden gestattet sei „d'employer la force pour se défendre contre l'attaque d'un navire ennemi" [3]).

Auch die Commission des Détroits et des Canaux maritimes der Interparlamentarischen Union zweifelte an dem rechtlichen Charakter der bewaffneten Handelsschiffe, wobei sie die Bedeutung der Beantwortung dieser Frage für das Meerengenproblem vollauf würdigte. In ihrer letzten Sitzung vom 17 April 1914, warf *Penha Garcia* die Frage auf, ob die von der britischen Regierung bewaffneten Handelsschiffe als

---

1) Vgl. beispielsweise *Oppenheim*, a. a. O.; *Triepel*, a. a. O., S. 379 ff und die daselbst zitierte Literatur, dazu *Rehm*, a. a. O., IX 1915), S. 29 ff. und viele andere.

2) Annuaire de l'Institut de droit international, XXVI (1913), S. 517 ff.

3) Art. 12 al. 3, a. a. O., S. 612. Vgl. hiezu *Oppenheim*, a. a. O. VIII, 155 und *Triepel*, a. a. O., 380, Anm. 4 u. 381.

Kriegs- oder als Handelsschiffe zu betrachten seien [1]). Leider wurde die Diskussion hierüber bis zur Interparlamentarischen Konferenz in *Stockholm* vertagt und daher, wie diese Konferenz selbst, durch den Krieg vereitelt.

Gleich nach Beginn des Krieges erklärte die englische Regierung durch ein Schreiben des britischen Botschafters in Washington vom 25 August 1914 der amerikanischen Regierung, dass englische Handelsschiffe nur zur Verteidigung bewaffnet seien, dass sie niemals feuern werden, wenn nicht zuvor auf sie gefeuert worden ist, und dass sie unter keinen Umständen jemals ein Schiff angreifen werden [2]).

Auf Grund einer Basis, wie sie durch diese Erklärung und jene vom 17 März 1914 geschaffen worden war, wäre es ohne die späteren Kriegsereignisse vielleicht möglich gewesen, dem bewaffneten Handelsschiff eine unanfechtbare Stellung im Rahmen des bisherigen Völkerrechtes zuzuweisen. Noch *Wehberg* erklärt in seinem Mitte November 1914 abgeschlossenen Seekriegsrecht [3]): „Man glaubt nicht recht, dass sich diese Schiffe nur auf die Verteidigung beschränken werden. Aber es ist kein Grund ersichtlich, an der Aufrichtigkeit der Erklärung *Churchills* zu zweifeln."

Allein die Tatsachen sind stärker gewesen, als es selbst der beste Wille geplant haben mochte. Jede Stei-

---

[1]) Union interparlementaire. Procès-verbaux de la Commission des Détroits et des Canaux maritimes, V, S. 9.

[2]) European War No. 2, Diplomatic Correspondence with Belligerent Governments relating to Neutral Rights and Duties, S. 41.

[3]) Handbuch des Völkerrechts, IV., Band, 1. u. 2. Abteilung, Besonderer Teil, 1915, S. 67.

gerung des Unterseebootkrieges musste eine Steigerung in der Bewaffnung der Handelsschiffe und eine Verschärfung ihrer Instruktionen nach sich ziehen. Die Denkschrift der deutschen Regierung vom 8 Februar 1916 erklärte, dass bewaffnete Handelsschiffe nach Ablauf einer kurzen, den Interessen der Neutralen Rechnung tragenden Frist fortan als Kriegsschiffe behandelt würden. Auch die Zirkularverbalnote Oesterreich-Ungarns an die neutralen Mächte vom 10 Februar 1916 hat denselben Standpunkt eingenommen.

Demgegenüber hat die englische Regierung daran festgehalten, dass zwischen unbewaffneten und den zu Verteidigungszwecken bewaffneten Handelsschiffen kein rechtlicher Unterschied bestehe. Wie schwer es freilich gerade in dieser Frage ist, bei dem Begriff der Verteidigung stehen zu bleiben, zeigt die Erklärung des Marineministers *Carson* im Unterhaus vom 21 Dezember 1916. Diese hat den Unterschied zwischen Angriff und Verteidigung verwischt, indem sie nur versichert, dass Kauffahrteischiffe den Feind nicht *aufsuchen* dürfen, um ihn anzugreifen. Der Unterschied zwischen einem Handels- und einem Kriegsschiff könnte danach folgerichtig unter Umständen nur davon abhängig gemacht werden, ob die — vielleicht geheimen — Instruktionen und Erlässe der Regierung des Heimatsstaates dem Schiff das Aufsuchen feindlicher Schiffe zum Zwecke des Angriffs verbieten oder nicht.

Es stehen demnoch heute die englische und die deutsche Auffassung einander schroff gegenüber. Die erstere will Handels- und Kriegsschiffe nach ihrem hauptsächlichsten Zweck, die letztere nach ihrer Bewaffnung unterscheiden. Auf das Sonderrecht der türkischen Meerengen angewendet, führen beide dahin, dass die alten Verträge auch bei unverändertem Wortlaut voraussichtlich ihren Sinn und ihre Tragweite gänzlich geändert haben würden, wenn sie nach dem Kriege erneuert in Geltung blieben. Legt man ihnen die englische Auffassung zugrunde, so werden sie wertlos, denn auch gut bewaffnete „Handels"-schiffe in grösserer Zahl könnten unter Umständen Konstantinopel angreifen, den Landverkehr vom Balkan nach Kleinasien unterbinden oder Russlands Häfen und Schiffe im Schwarzen Meer bedrohen. Wollte man aber jene Verträge im Sinne der deutschen Auffassung dahin auslegen, dass nur unbewaffneten Schiffen die Durchfahrt offen stehe, so würde dies zwar sicherlich dem ursprünglichen Zweck dieser Verträge entsprechen, stiesse aber, von anderem abgesehen, schon wegen des dann unvermeidlichen Durchsuchungsrechtes der Türkei voraussichtlich auf sehr grosse Schwierigkeiten.

Es ist nun allerdings denkbar, dass nach dem Kriege, vielleicht schon im Friedensvertrag, die Bewaffnung von Handelsschiffen verboten und der frühere Rechtszustand wiederhergestellt wird; dann könnte auch die Schliessung von Wasserstrassen, insbesondere der türkischen Meerengen, für Kriegsschiffe wieder in den Bereich aktueller Erwägungen treten. Eine solche rückläufige Entwicklung scheint aber nicht wahrscheinlich zu sein. Solange man Unterseeboote bauen kann und die Verwendung des Unterseebootes nicht durch die weiteren technischen oder militärischen Fortschritte überholt ist, dürfte man von der Bewaffnung der Handelsschiffe schwerlich ganz abkommen.

Schliesslich wäre noch die Möglichkeit zu erwähnen, dass de lege ferenda eine Neuabgrenzung zwischen Kriegs- und Handelsschiffen in Angriff genommen wird. Es könnte beispielsweise, im Sinne der englischen Auffassung, festgesetzt werden, dass für die Zugehörigkeit zur Kriegsflotte nur eine bestimmte Art der organisatorischen Eingliederung in die staatliche Wehrmacht, eine bestimmte Bauart, eine bestimmte Qualifikation der Bemannung u. s. w. entscheidend sei. Anderseits würde der deutsche Standpunkt die Festlegung einer sehr scharfen Grenze zwischen Kriegs- und Handelsschiffen gestatten, indem die Höchstzahl und das Maximalkaliber der Geschütze, mit welchen ein Handelsschiff ausgerüstet sein darf, bestimmt wird. Allein ganz abgesehen davon, dass die praktische Anwendung derartiger Unterscheidungen bei der Kontrolle über die Durchfahrt durch eine für „Kriegs"-schiffe geschlossene Wasserstrasse ein weitgehendes Durchsuchungsrecht des Uferstaates voraussetzen würde, ist es heute wohl noch verfrüht, den vielfachen Eventualitäten einer künftigen Entwicklung in einer Spezialfrage vorgreifen zu wollen.

Daher kann in dem gegenwärtig vorliegenden Bericht ein Vorschlag über eine Sonderbehandlung der türkischen Meerengen nicht erstattet werden. Es sei nur der Hoffunng Ausdruck gegeben, dass eine Schliessung der Meerengen für Kriegsschiffe überflüssig werden möge, sei es, dass das gegenseitige Misstrauen der beteiligten Mächte einem harmonischen Einvernehmen Platz macht, sei es, dass die Verteidigungseinrichtungen der Türkei und Russlands eine Ausgestaltung erfahren, welche diese Staaten das Eindringen bewaffneter Schiffe in die Meerengen von Konstantinopel nicht mehr fürchten lässt.

B. *Der Inhalt des Uebereinkommens.*

Die geplante Neuregelung des Rechtes der internationalen Wasserstrassen soll den Widerstreit schlichten, welcher zwischen dem Interesse des Weltverkehrs und den entgegenstehenden völkerrechtlich geschützten Interessen besteht. Die dem Weltverkehr entgegenstehenden Interessen- beziehungsweise Rechtssphären sind: bei Kanälen die Gebietshoheit des Staates, auf dessen Territorium der Kanal gebaut ist und die Freiheit der Kriegführung seiner Gegner; bei Meerengen, soweit diese in der Zone der Küstengewässer liegen, die beschränkte Gebietshoheit des Uferstaates im Küstengewässer und die Freiheit der Kriegführung seines Gegners; endlich bei breiteren Meerengen sowie an den beiderseitigen Mündungen *aller* Wasserstrassen überdies die Freiheit der Kriegführung in jenem Teile des offenen Meeres, welcher von den besonderen Rechtssätzen über die Wasserstrassen betroffen wird.

I. Was nun die Kanäle anbelangt, so wird der Inhalt der Einschränkungen, welche die Gebietshoheit erfährt, wesentlich von den politischen Ereignissen bestimmt, unter denen der Kanalbau zustandegekommen ist. Allgemeine Erwägungen über ein Recht, das etwa alle zukünftigen Kanäle umfassen sollte, sind daher nicht am Platze. Er werden vielmehr für jeden neu hoheit besonders vereinbart werden müssen. Die Lasten, welche hiebei dem Gebiete auferlegt werden, binden im Falle des Krieges auch den Gegner, welcher das Land besetzt.

Da nun nach dem, was oben festgestellt worden ist, gegenwärtig nur zwei Kanäle, der Suez- und der Panamakanal, in Betracht kommen und über diese beiden Wasserstrassen Verträge bereits vorliegen, welche den Interessen des Weltverkehrs Rechnung zu tragen suchen, so kann es sich nur darum handeln, die Zweckmässigkeit der Vertragsbestimmungen vom Standpunkte der Interessen des Weltverkehrs aus und unter Rücksichtnahme auf die Möglichkeit, dass das Abkommen künftig auf andere Kanäle ausgedehnt werde, zu prüfen. Hiebei können nur die allgemeinsten Gesichtspunkte in Betracht kommen. Einzelheiten technischer, militärischer, kommerzieller oder nautischer Natur würden hier zu weit führen und müssen Spezialstudien überlassen bleiben.

Von den beiden Verträgen steht nun jener über den Suezkanal weitaus im Vordergrund [1]). Denn der Hay-entstehenden Kanal die Ausnahmen von der Gebiets-

---

[1]) Am Stelle der überaus grossen Literatur über diesen Kanal sei hier zitiert: *Dedreux*, Der Suezkanaal im internationalen Recht, Tübingen, 1913, daselbst Seite IX—XIV ausführliche Literaturangaben; hiezu *Notovich*, L'Europe et l'Egypte 1898; *Holland*, Studies on International Law, 1898, S. 270 ff; *Abribert*, Le détroit de Magellan, 1902, S. 213 ff; *Labrousse*, Des servitudes en droit international public, 1911, S. 147 ff; *Baldassarri*, La neutralizzazione, 1912; *Georgi*, und *Dufour-Ferance*, Urkunden zur Geschichte des Suezkanals, 1913; *Laband*, in der Deutschen Juristenzeitung, XIX (1914), No. 23/24, S. 1313 ff; *Krauel*, Neutralität, Neutralisation und Befriedung im Völkerrecht, 1915, insb. S. 60, 61, 80 ff.

Pauncefote-Vertrag vom 18. November 1901 hat im Artikel 3 jene Bestimmungen des Suezkanalvertrags, welche für uns von Interesse sind, im Wesentlichen rezipiert und ist überdies nur von zwei Mächten geschlossen [1]). Es genügt daher für die Zwecke dieses

[1]) Aus der ebenso umfangreichen Literatur über den Panamakanal seien unter vielen die folgenden neueren Arbeiten genannt, in denen sich zum Teile die ältere Literatur eingehend zitiert findet:

„*Elihu Root*, The obligation of the U.S. as to Panama Canal Tolls, Speech in the Senate, January 21, 1913; *Kon. Porter J. Mc Cumber*, Panama Canal Tolls, Speech in the Senate, April 6, 1914; *Hon. Henry Cabot Lodge*, The Question of The Canal Tolls, Speech in the Senate, April 9, 1914; *Hon. Elihu Root*, Panama Canal Tolls, Speech in Reply in the Senate, May 21, 1914; *Lindley Miller Keasbey*, The Nicaragua Canal and The Monroe Doctrine, 1896; *Woolsey*, America's foreign policy, 1898, S. 131 ff; 151 ff; *Travis*, The History of The Clayton-Bulwertreaty, 1899; *Latané*, The diplomatic relations of the United States and Spanish America, 1900, S. 176 ff; *Boyd Winchester*, in The American Law Register vom Oktober 1900; *Henderson*, American diplomatic questions, 1901; *Bérard*, Questions extérieures, 1902, S. 49 ff; *Biard*, Le Canal interocéanique et son régime juridique, 1902; *Abribert*, Le détroit de Magellan, 1902, S. 224 ff; *Viallate*, in der Revue générale de droit international public, 1903, S. 5 ff; *Charles Henry Huberich*, The trans-isthmian Canal: a Study in American diplomatic History (1825—1904), 1904; *Röthlisberger*, Südamerikanische Streitfragen, 1904, S. 35 ff; *Willoughby*, Territories and dependencies of the United States, 1905, S. 303 ff; *Viallate*, Essais d'histoire diplomatique américaine, 1905, S. 57 ff; *Sparks*, National development, 1907, S. 202 ff; *Dewey*, National Problems, 1907, S. 117; *Latané*, America as a World Power, 1907, S. 204 ff; *Müller-Heymer*, Der Panamakanal, 1909; *Vaughan Cornish*, The Panama Canal and its makers, 1909; *Labrousse*, les servitudes en droit international public, 1911, S. 179 ff; *Harmodio Arias*, The Panama Canal, 1911; *Rousiers* bei *A. Siegfried*, etc., Les questions actuelles de politique étrangère dans l'Amérique du Nord, 1911, S. 63 ff; *James Bryce*, South America, 1912, S. 1 ff; *A. T. Mahan*, Armaments and Arbitration, 1912, S. 155 ff, 181 ff; *Baldassarri*, La Neutralizzazione, 1912, S. 144 ff; *Leander T. Chamberlain*, in der North American Review vom Februar 1912; *Frank W. Mondell*, Why should we fortify the Panama Canal, 1912; *Enrico Castellani*,

Berichtes im Allgemeinen, die Frage zu beantworten, ob der Suezkanalvertrag bisher den Anforderungen entsprochen hat.

Diese Frage darf wohl so unbedenklich *bejaht* werden, dass jede Erörterung von Einzelheiten überflüssig wird. Auch die Tatsache, dass man die Bestimmungen über den Suezkanal auf den Panamakanal übertragen hat, spricht für den praktischen Wert dieser Bestimmungen. Endlich sei darauf hingewiesen, dass auch die Commission des Détroits et des Canaux maritimes in ihren Beschlüssen vom 9 Januar 1913 über ein Reglement für die „canaux interocéaniques proprement dits" im Wesentlichen den Bestimmungen des Suezkanalvertrags gefolgt ist [1]).

Il Canale di Panama, 1913; *L. Oppenheim*, The Panama Canal Conflict between Great Britain and the United States of America, 1913; *Charles H. Stokton*, Panama Canal Tolls; *Sir H. Erle Richards*, The Panama Canal Controversy, A lecture, delivered before the University of Oxford on October 25, 1913; *John Barrett*, Panama Canal, 1913; The „Coastwire Exemption", Representative Opinions of the Press etc., 1913; *Philippe Banau-Varilla*, Panama, 1913; *Frederic J. Haskin*, The Panama Canal, 1914; *Charlemagne Tower*, Essays political and historical, 1914, S. 38 ff; *Butte*, Great Britain and the Panama Canal, 1913; *Latané*, im American Journal of international Law, 1913, S. 17 ff; *Wambaugh*, ebenda, S. 233 ff; *Wilhelm Kaufmann* in der Zeitschrift für Völkerrecht und Bundesstaatsrecht, II (1913), S. 407 ff; und in der Revue de droit international et de législation comparée, XIV (1912), S. 581 ff; *Lehman* in *Niemeyer's* Zeitschrift für internationales Recht, XXIII (1913), Abteilung II, S. 46 ff (ausführliche Literaturangaben S. 46, Anm. 1); *Giulio Diena*, ebenda, XXV (1915), S. 14 ff; *Krauel*, a. a. O., S. 61, 79 ff (Literaturangaben S. 80, Anm. 5); *George W. Goethals*, Government of the Canal Zone, 1915; *Mary Wilhelmine Williams*, Anglo-American Isthmian Diplomacy, 1916, u. s. w. u.s.w. Literaturangaben über den Panamakanal finden sich auch bei *Dedreux*, a. a. O., S. IX—XIV.

[1]) Union interparlementaire. Procès-verbaux de la Commission des Détroits et des Canaux maritimes, III, S. 20 ff.

Es wird daher die Aufgabe eines allgemeinen völkerrechtlichen Abkommens über die internationalen Wasserstrassen sein, auf Grundlage der praktisch bewährten Bestimmungen des Suezkanalvertrages über die Durchfahrt von Schiffen und auf Grund der gewonnenen Erfahrungen ein gemeinsames Reglement für beide Kanäle festzulegen, das gleichzeitig geeignet wäre auf künftige weitere übertragen zu werden. Ein solches Reglement wird im Folgenden an der Hand des Suezkanalvertrages und in Uebereinstimmung mit den Beschlüssen der Commission des Détroits et des Canaux maritimes zusammengestellt werden.

Bevor jedoch an die Formulierung dieser Vorschläge geschritten wird, muss festgestellt sein, ob und inwieweit für Meerengen und Kanäle *gemeinsame* Normen anzustreben sind. Denn hievon würde der Wortlaut und die Reihenfolge der einzelnen Bestimmungen beeinflusst werden. Daher sind zuerst die Vertragsbestimmungen über die Meerengen zu erörtern. Soweit sich eine Uebereinstimmung mit den bewährten Anordnungen des Suezkanalvertrages ergibt, ist die Formulierung für beide Arten von Wasserstrassen gemeinsam in Angriff zu nehmen.

II. Damit sind wir zu den Rechtssätzen über die der Meerengen gelangt.

Das Wesentlichste, gewissermassen das Zentralproblem, um welches herum sich alles Uebrige gruppiert, kann nur die Frage der *Sperrung* der Meerenge sein. Hiebei ist das Wort Sperrung vorläufig im weitesten Sinne zu nehmen. Es bildet für den Handel und Verkehr eine Störung, ob er durch eine sogenannte Steinblockade, durch Netze, Ketten d. dgl., durch eine Minensperre, durch eine regelrechte effektive oder durch eine papierne Blockade, durch Erklärung des Meerengengebietes zum Kriegsgebiet oder Sperrgebiet u. s. w., an der Benützung der Meerenge gehindert wird. Gleichgültig ist es auch in der Hauptsache, ob der Staat, welcher die Meerenge sperrt, sich im Kriege befindet oder mit dieser Massregel nur seine Neutralität schützen zu müssen glaubt.

Die Hauptaufgabe des hier geplanten Abkommens über die Meerengen ist es also, jene Fälle der Sperre zu beschränken oder zu verbieten, welche ohne ein Sonderrecht für die Meerengen nach allgemeinen Normen des Völkerrechtes zulässig wären.

Nun könnte eine Sperre, wenn kein besonderes Recht über die Meerengen bestünde, nur in folgenden Fällen rechtmässig verfügt werden:

1) vor den eigenen Küsten durch den Uferstaat zum Schutze seiner Neutralität (vgl. insbesondere Art. 4 des VIII. Haager Abkommens).

2) im offenen Meer und im eigenen und feindlichen Küstengewässer durch einen kriegführenden Staat kraft Seekriegsrechtes.

Nach beiden Richtungen hin ist zu erwägen, ob und erforderlichenfalls unter welchen Beschränkungen das eingangs erörterte „unbedingte" Durchfahrtsrecht statuiert beziehungsweise aufrecht erhalten werden könnte. Die Vorschläge, welche in Bezug auf die Sperre erstattet werden sollen, müssen demnach die Interessen des Weltverkehrs gegen die Interessen der Verteidigung der Neutralität und gegen die Interessen der

Kriegführung, sowohl im Angriff als in der Verteidigung, abwägen.

Das hiemit gestellte Problem wird häufig dahin formuliert, welche Interessen schutzbedürftiger seien, jene des Verkehrs oder jene der Kriegsführung. Es sei hier statt Vieler auf jene Literatur verwiesen, welche *Wehberg*, Das Seekriegsrecht, 1915, S. 86, zitiert. Allein wenn man die Frage so stellt, so ist sie auch schon entschieden. Denn wie wichtig auch die Interessen des Weltverkehrs sind, sie können es niemals rechtfertigen, dass einem Staate die Pflicht auferlegt wird, auf seine Verteidigung gegen Vernichtungs- und Zerstückelungsversuche seiner Gegner zu verzichten, Die Verteidigung könnte aber möglicherweise eine uneingeschränkte Meerengensperre notwendig machen — man denke nur an die türkischen oder an die dänischen Meerengen. Um der Verteidigung willen müssten also die Verkehrsinteressen hinter jene der Kriegführung zurückgestellt werden, wie dies ja in verschieden weitem Umfang manche Schriftsteller fordern oder als geltendes Recht hinstellen, beispielsweise *Bonfils* [1]), *Mérignhac* [2]), *Wehberg* [3]) und andere [4]). Das unbedingte Durchfahrtsrecht könnte *nicht* anerkannt werden.

Diesen Konsequenzen gegenüber bleibt, wenn man die Verkehrsinteressen jenen der Kriegführung nicht gänzlich unterordnen will, noch der Versuch übrig, die

---

1) Manuel de droit international public, herausg. v. *Fauchille*, § 507.

2) Traité de droit public international, II, 1907, S. 588.

3) Das Seekriegsrecht, 1915, S. 86, 87, und in der Zeitschrift für Völkerrecht, VIII (1914), S. 537.

4) Vgl. oben, S.

Interessen der *Verteidigung von anderen* Interessen der Kriegführung zu unterscheiden. Vielleicht können die folgenden Erwägungen diesen Versuch rechtfertigen.

Eine Regelung irgendwelcher völkerrechtlicher Fragen kann nur dann Aussicht darauf haben, Bestandteil einer dauernden Friedensordnung der Kulturvölker zu werden, wenn sie dem Rechtsgefühl dieser Völker entspricht. Nun ist zwar dieses keineswegs in allem übereinstimmend. Trotzdem gibt es eine Reihe grundlegender Sätze, welche als Gemeingut aller zivilisierten Nationen gelten können. Das heisst, es gibt ethisch-politische Werturteile über Recht und Unrecht, welche — gleiche Tatsachen und richtige Kenntnis dieser Tatsachen vorausgesetzt — bei der weitaus überwiegenden Mehrheit der Angehörigen aller Kulturvölker in gleicher Weise gefällt werden. Derlei Sätze können nicht bewiesen werden. Der Autor kann sie nur als *Hypothesen* aufstellen, hoffend, mit seiner persönlichen Ueberzeugung dasjenige getroffen zu haben, was den allgemeinen Ansichten entspricht.

Als ein solcher allgemein vom Rechtsgefühl der Kulturvölker anerkannter Satz darf nun vielleicht hypothetisch jenes ethisch-politische Werturteil angenommen werden, welches den Angriffskrieg beziehungsweise alle kriegerischen Massregeln, welche auf Eroberungen abzielen, verurteilt und den Verteidigungskrieg beziehungsweise alle Massregeln der blossen Abwehr billigt [1]). Zum mindesten würde dies dem gleich-

[1]) Vgl. *Laun*, „Angriff und Verteidigung. Eine völkerrechtliche Formel im Dienste eines dauernden Friedens," in den Veröffent-

falls vom Rechtsgefühl aller Kulturvölker anerkannten Satz entsprechen, dass unter Individuen der Angriff verwerflich sei, die Selbstverteidigung aber eine „gerechte" Notwehr darstelle. Auch die Ereignisse des gegenwärtigen Krieges haben gezeigt, dass die breiten Massen der Völker in allen Staaten zwar die schwersten Opfer für einen „Verteidigungskrieg" ertragen wollen, einen „Angriffskrieg" aber missbilligen.

Es darf daher die Frage gestellt werden, ob nicht die Sperre einer Meerenge als Angriffs- von jener als Verteidigungsmittel unterschieden werden könne.

Diese Fragestellung kann nicht von vornherein deswegen abgelehnt werden, weil eine solche Unterscheidung keine Aussicht habe, praktisch verwirklicht zu werden. Das Schicksal des oben erörterten kolumbischen Antrags in der dritten Kommission der zweiten Haager Friedenskonferenz, vom 26 September 1907, nach welchem das Legen von Minen überhaupt nur zu *Verteidigungs*zwecken („comme moyen de défense") zulässig sein sollte [1]), berechtigt zu weitgehenden Hoffnungen, und es ist zu bedauern, dass, sowohl das Institut für internationales Recht als die Commision des Détroits et des Canaux maritimes bei ihren Studien über die Meerengenfrage diesen Antrag übersehen oder doch unbeachtet gelassen haben, Im Haag stimmten

lichungen des Internationalen Studienkongresses, Bern, 1916, und voraussichtlich im Recueil des Rapports, herausgegeben von der Organisation centrale pour une Paix durable, IV (1917), S. .., und in der Zeitschrift für Völkerrecht, herausgegeben von Kohler und Fleischmann, X (1917), Heft 4.

[1]) Deuxième Conférence internationale de la Paix. Actes et documents, I, S. 292, III, S. 447, 451, 680; oben S.

16 Staaten für den Antrag, unter ihnen Grossbritannien, Holland, Spanien, Portugal und 12 aussereuropäische Staaten, nur 15 Staaten dagegen und infolge des Umstandes, dass 7 Staaten nicht vertreten waren und 6 sich der Stimme enthielten, musste der Antrag als abgelehnt gelten. Nun entscheidet allerdings, wenn von den praktischen Möglichkeiten einer Reform die Rede ist, nicht die Zahl der Staaten sondern ihr Gewicht. Allein dagegen muss in Rechnung gestellt werden, dass, wenn es in Zukunft wieder zu einer Abstimmung über eine ähnliche Frage käme, die Aufnahme des Antrags voraussichtlich eine bedeutend günstigere wäre. Mehrere grosse Mächte haben sich im gegenwärtigen Krieg auf den Standpunkt festgelegt, dass sie nur einen Verteidigungskrieg führen und dass ein Angriffskrieg etwas Missbilligenswertes sei, und sie werden daher wohl auch in Zukunft Anträgen, welche nur den Angreife beschränken, dem Verteidiger aber Freiheit lassen, günstig gegenüberstehen.

Es ist daher vielleicht nicht gänzlich unangebracht, zu untersuchen, ob die Sperre einer Meerenge als Angriffs- von jener als Verteidigungsmittel praktisch unterschieden werden könne.

Ueber den Charakter einer Handlung oder Einrichtung als Angriffs- oder Verteidigungsmittel entscheidet im konkreten Falle der *Zweck*, dem sie dient. Dieses Merkmal ist legislativ-technisch sicherlich nicht unverwendbar; ja es spielt sogar für die Beurteilung der Rechtmässigkeit oder Rechtswidrigkeit staatlicher Handlungen vielfach eine weitaus grössere Rolle, als man anzunehmen pflegt, und ist für die staatsrechtliche Struktur der modernen Kulturstaaten von fundamentaler Bedeutung [1]). Es könnte daher auch im Völkerrecht die Zulässigkeit einer staatlichen Handlung nach dem Zwecke abgegrenzt werden, den der Staat mit ihr verfolgt. Diesen Weg hat ja auch beispielsweise Artikel 2 des VIII. Haager Abkommens über die Legung von unterseeischen selbstätigen Kontaktminen gewählt, in dem er verbietet, solche Minen vor den Küsten und Häfen des Gegners zu legen, zu dem alleinigen Zwecke, die Handelsschiffahrt zu unterbinden („dans le seul but d'intercepter la navigation de commerce").

Es könnte demnach erwogen werden, ob nicht eine allgemeine Norm etwa des Inhaltes statuiert werden sollte, dass die Sperrung einer Meerenge nur gestattet sei, wenn und soweit diese Massregel zum Zwecke der Verteidigung unumgänglich notwendig ist. Allein hiegegen erheben sich sehr gewichtige Einwendungen. Erstens wären die praktischen Schwierigkeiten, eine derartige Norm zu handhaben, doch immerhin sehr grosse. Zweitens wäre die Sicherheit des Verkehrs nicht viel grösser als heute, denn er müsste damit rechnen, dass jede Sperrung als Akt der „Verteidigung" in irgend einer der vielen Bedeutungen des Wortes erscheinen und hingestellt werden kann. Vor allem aber kommt in Frage, ob denn der Verteidigungszweck

---

[1]) *Laun*, das freie Ermessen und seine Grenzen, 1910, S. 61 ff, 116 ff, 175 ff, 259 ff, 262, 264 ff und „Zum Problem des freien Ermessens" in der Festschrift für *Ernst Zitelmann*, 1913, S. 10 ff, 15 ff, 26 ff 50 ff.

eine vollständige Sperrung wirklich erheische oder ob es nicht vielleicht möglich sei, bei vollkommen ausreichenden Verteidigungseinrichtungen die Durchfahrt in allen Fällen unter irgendwelchen Vorsichtsmassregeln dennoch offen zu halten.

Es ist daher unerlässlich, die *einzelnen heute bekannten Typen* der Sperrung einer Meerenge daraufhin zu prüfen, wie hier die Interessen des Weltverkehrs gewahrt werden können. Hiebei wird noch dem Vorgehenden als allgemeiner Leitsatz zu gelten haben: *die Interessen des Verkehrs haben jenen des Angriffs voranzugehen, jenen der Verteidigung nachzustehen.*

Das Nächstliegende wäre es nun vielleicht, die Sperre nach der Art der Schiffe, gegen welche sie sich richtet, verschieden zu behandeln. Es könnte argumentiert werden, dass eine Bedrohung des Uferstaates nur durch *Kriegs*schiffe erfolgen könne und dass es daher die angemessenste Lösung sei, wenn den Uferstaaten gestattet würde, die Durchfahrt für Kriegsschiffe zu sperren, während den Handelsschiffen das unbedingte Durchfahrtsrecht gewahrt werden müsse. Praktisch war diese Lösung vor dem Krieg für die türkischen Meerengen bereits verwirklicht.

Eine solche Regelung würde zunächst voraussetzen, dass die vor dem Krieg übliche prinzipielle Unterscheidung zwischen dem Kriegsschiff und dem unbewaffneten Handelsschiff wieder hergestellt wird und das bewaffnete Handelsschiff aus dem Verkehr und aus dem Völkerrecht verschwindet. Denn die Sicherheit des Uferstaates wird durch die *Bewaffnung* der eine Meerenge passierenden Schiffe gefährdet, gleichgültig, ob sie Kriegs- oder Handelsschiffe heissen, ob sie die Kriegs- oder Handelsflagge führen. Alle jene Bedenken, welche oben gegen die Erneuerung der Verträge über die türkischen Meerengen vorgebracht worden sind, wären auch in diesem Zusammenhang, nur in Beziehung auf *alle* Meerengen, zu erörtern.

Allein es bedarf dessen gar nicht. Die Schliessung *aller* Meerengen für Kriegsschiffe oder gar für alle bewaffneten Schiffe kann auch abgesehen von den oben erörterten Gesichtspunkten schon im Interesse des Verkehrs selbst wohl gar nicht in Erwägung gezogen werden. Denn kein Staat wird heute auf die Möglichkeit verzichten wollen, seine Kriegsflotte in alle Teile der Welt zu schicken, um dort nötigenfalls sein Ansehen zu wahren and den Handel und Verkehr seiner Bürger zu schützen. Ein Staat kann eben auch in fernen Erd- und Meeresteilen etwas zu „verteidigen" haben, zum Beispiel das Leben seiner dort ansässigen Bürger oder die Zufuhr unentbehrlicher Lebensmittel, die Kriegsschiffe aber, welche mit dieser Verteidigung betraut sind, können vielleicht nur durch eine internationalisierte Meerenge ihren Bestimmungsort erreichen.

Die Unterscheidung der Sperre nach den Arten der Schiffe, gegen welche sie sich richtet, ist daher für unsere Zwecke unbrauchbar. Es muss auf die Mittel der Sperre eingegangen werden.

Aufgabe des geplanten Abkommens ist es, den Verkehr in den Wasserstrassen soweit zu schützen, als es mit den Notwendigkeiten der Verteidigung nur irgend vereinbar ist. Die Verteidigung nun verlangt eine technisch so vollkommene Absperrung einer Wasserstrasse durch die Errichtung physischer Hindernisse, dass kein Schiff, wäre es auch noch so gut bewaffnet, gegen den Willen des Staates, welcher die Ufer beherrscht, eindringen kann. Daher müssen jene Mittel gestattet werden, welche zu einer Verteidigung gegen das gewaltsame Eindringen bewaffneter Schiffe in die Wasserstrasse unumgänglich notwendig sind.

Zu diesen Mitteln gehört in erster Linie das Entgegentreten mit eigenen Kriegsschiffen beziehungsweise bewaffneten Schiffen, die Seeschlacht und die Beschiessung eindringender bewaffneter Schiffe durch die Küstenartillerie. Dieses Verteidigungsmittel kann dem Uferstaat nicht genommen werden. Unter gar keinen Umständen dürfen daher feindselige Akte gegen feindselige bewaffnete Schiffe in Meerengen allgemein verboten werden.

Nur zugunsten *neutraler* Schiffe und gegebenenfalls solcher unbewaffneter feindlicher Schiffe, welche dem Seebeuterecht nicht unterliegen, kann ein Verbot feindseliger Akte ausgesprochen werden. Doch gehört dieses Verbot in einen anderen Zusammenhang, da es mit den militärischen Notwendigkeiten der Verteidigung nichts zu tun hat, und wird später zur Sprache kommen.

An Stelle der Verteidigung durch bewaffnete Schiffe und durch Küstenartillerie oder neben diesen Verteidigungsmitteln kommen als zweite Gruppe jene in Betracht, welche, an Ort und Stelle befestigt, den

Schiffen das Befahren bestimmter Räume unmöglich machen. Hierher gehören — wenn auch untereinander von sehr verschiedenen praktischen Wert — die sogenannte Steinblockade (blocus par pierres), das ist die Verrammelung des Wegens durch Steine oder versenkte Schiffe, das Ausspannen von Netzen, Ketten u. dgl., vor allem aber das Legen verankerter Minen oder anderer Zerstörungsapparate. Wenn solche Sperrmittel quer über die ganze Breite der Meerenge der Schiffahrt die Fahrt verlegen , so können sie auch einem schwachen Staat, welcher über keine genügende Kriegsflotte und Küstenartillerie verfügt, einen wirksamen Schutz gegen feinlichen Einbruch in die Meerenge bieten. Aber auch ein stärker gerüsteter Staat wird dieser Mittel zur Verteidigung nicht entraten können, beispielsweise, um in einer breiten Meerenge die Durchfahrt zwecks leichterer Verteidigung zu verengern.

Es müssen daher auch alle an Ort und Stelle befestigten Sperrmittel zugelassen werden. Allein dies ist nur insoweit gerechtfertigt, als es der Zweck der Verteidigung unbedingt erheischt. Es ist daher zu untersuchen, in wieweit die Durchfahrt von Schiffen mit diesem Zweck vereinbar ist.

Vor allem kann die Verteidigung, da wir es ja vorausgesetztermassen mit Wasserstrassen zu tun haben, welche von einem freien Meer in ein anderes führen, nicht beanspruchen, dass die *Durchfahrt*, sondern nur, dass der *Zutritt zu den Ufern* feindlichen Kriegs- oder anderen bewaffneten Schiffen erfolgreich verwehrt werden kann. Dies aber ist erreicht, wenn bewaffnete feindliche Schiffe auf Kanonenschussweite vom Ufer ferngehalten werden. Wenn bei der Bemessung dieser Kanonenschussweite nicht auf irgend einen Grad von Treffsicherheit sondern auf die äusserste nach den ballistichen Gesetzen noch mögliche Tragweite der jeweils weittragendsten Geschütze Rücksicht genommen wird, so ist damit die äusserste Zone umschrieben, innerhalb welcher der Verteidiger des Ufers ein Interesse an der Auslegung verankerter Minen und der Anbringung ähnlicher Sperrmittel haben kann. Ob diese Zone mit jener der Küstengewässer zusammenfällt oder nicht, ist für die hier verfolgten Zwecke gleichgültig.

Es wäre daher der Gebrauch verankerter Minen und anderer verankerter Zerstörungsmittel nur zu Verteidigungszwecken und nur innerhalb Kanonenschussweite zu gestatten. Ein Vorbild für eine derartige Regelung gibt der schon mehrfach erwähnte Antrag Kolumbiens in der dritten Kommission der zweiten Haager Friedenskonferenz, der allerdings nicht das Meerengenrecht allein sondern das Minenlegen im Allgemeinen betrifft.

Wenn man diese Vorschläge annimmt, so ergibt sich, dass in Meerengen, welche breiter sind als die doppelte Kanonenschussweite, eine freie Strasse übrig bleibt, in welcher die Anbringung von Sperrmitteln überhaupt verboten wäre. In diesen breiten Meerengen wäre demnach das unbedingte Durchfahrtsrecht gesichert, ohne dass es einer weiteren Bestimmung bedürfte.

In engeren Wasserstrassen dagegen treten die Interessen der Verteidigung mit jenen des Verkehrs in in Konflikt. Es ist daher zu untersuchen, ob sich nicht beide mit einander in Einklang bringen lassen. Dies hat bereits der *Schücking*'sche Gedanke der relativen Minensperre versucht [1]). Dabei sind jedoch die Interessen der Verteidigung gegenüber jenen des Verkehrs in den Hintergrund gerückt. Die absolute Minensperre wird verboten, weil der Verkehr es verlangt; ob die Verteidigung es verträgt, wird gar nicht untersucht. Darum hat auch dieser Gedanke mehrfach Widerspruch erfahren, so seitens *Wehberg's* [2]) und *Martin's* [3]), und zwar unter Berufung auf zwingende Gebote der Selbsterhaltung des Uferstaates. Es ist daher näher auf die Bedüfnisse der Verteidigung einzugehen.

Das Interesse der Verteidigung erfordert, feindliche bewaffnete Schiffe, seien es nun Kriegs- oder bewaffnete Handelsschiffe, nicht herankommen zu lassen. Neutrale und unbewaffnete Schiffe sind nicht zu fürchten, nur muss der Uferstaat ein Prüfungs- und Durchsuchungsrecht haben, um sich gegen Flaggenmissbrauch und Verheimlichung der Bewaffnung zu schützen. Es würde daher vollständig genügen, wenn der Uferstaat zwar im Allgemeinen zur Absperrung berechtigt wäre, jedoch mit der Verpflichtung, neutrale und unbewaffnete feindliche Schiffe — falls letztere nicht dem Seebeuterecht unterliegen — an einer von

[1]) Die Verwendung von Minen im Seekrieg, in *Niemeyer's* Zeitschrift für Internationales Privat- und Oeffentliches Recht, XVI (1906), S. 140 ff; s. oben S.

[2]) Das Seekriegsrecht, 1915, S. 86.

[3]) Die Verwendung von Minen in Meerengen. Dissertation Würzburg, 1914, S. 35, 60, 61.

ihm bestimmten Durchfahrtsstelle beziehungsweise in einer von ihm vorgezeichneten Durchfahrtsrinne passieren zu lassen.

Es lässt sich kaum vorstellen, dass ein solches Durchfahrtsrecht die Verteidigung ernstlich beeinträchtigen könnte. Denn der Uferstaat kann Artillerie- und andere Kampfmittel von vornherein in solcher Uebermacht auf die eine Durchfahrtsstelle konzentrieren, dass ein Passieren gegen seinen Willen unmöglich wird. Die Sicherheit gegen den Einbruch feindlicher Schiffe könnte noch dadurch verstärkt werden, dass er berechtigt wird, nach dem Muster des oben besprochenen japanischen Vorgehens in der Tsugarustrasse die Durchfahrt von Schiffen überhaupt nur bei Tage zu gestatten. Endlich wäre insbesondere darin über den *Schücking*'schen Gedanken einer minenfreien Durchfahrtsstrasse hinauszugehen, dass die Anbringung *abhängiger* Minen, welche nicht schon durch den Zusammenstoss mit dem Schiffskörper, sondern nur durch eine besondere willkürlich geleitete elektrische Zündung in Tätigkeit treten, auch in der Fahrtrinne gestattet wird. Dies ist keineswegs ein nebensächliches Detail, sondern von wesentlicher Bedeutung. Denn unter gewissen Umständen, zum Beispiel bei dichtem Nebel, wie er ja zur See sehr häufig ist, kann die Artillerie den Schutz der Durchfahrtsrinne, auch wenn sie Beobachter unmittelbar an Ort und Stelle hat und genau eingeschossen ist, vielleicht nicht in allen Fällen mit der erforderlichen absoluten Sicherheit gewährleisten. Die Flugbahnen variieren je nach den Witterungsverhältnissen, und dies wird sich im Allgemeinen desto fühlbarer machen, je weiter weg die Geschütze, beispielsweise wegen Terrainschwierigkeiten, placiert werden müssen. Es wären also immerhin Kombinationen von Zufällen denkbar, unter welchen feindliche bewaffnete Schiffe, die sich beispielsweise unter neutraler Flagge genähert haben, durchschlüpfen können, bevor sie durch das Artilleriefeuer unschädlich gemacht werden. Dagegen würden abhängige Minen, welche aus unmittelbarster Nähe, gegebenenfalls von an Ort und Stelle verankerten Wachschiffen, verankerten Unterseebooten, Leuchttürmen aus u. dgl. in Tätigkeit gesetzt werden, jedes einfahrende Schiff dem Willen des Uferstaates schlechthin bei sofortiger Vernichtung unterwerfen. Die Verteidigungsinteressen wären in dem denkbar weitesten Umfange mit aller der menschlichen Voraussicht überhaupt erreichbaren Sicherheit gewahrt, und doch hätten neutrale und gegebenenfalls selbst unbewaffnete feindselige Schiffe das Recht und die Möglichkeit der ungefährdeten friedlichen Durchfahrt.

Es wäre daher in dem geplanten Abkommen auszusprechen, dass, wenn und soweit eine Meerenge schmäler ist als die doppelte Kanonenschussweite beträgt, der Uferstaat eine Fahrtrinne freizulassen hat, in welcher nur das Legen abhängiger Minen gestattet ist.

Unterliegen die Ufer einer Meerenge, welche diese Breite nicht überschreitet, der Hoheit verschiedener Staaten, so kann es deren Vereinbarung überlassen bleiben, ob und wo sie gemeinsam eine Fahrtrinne offen halten. Kommt keine solche Vereinbarung zustande, so darf man wohl die Staaten nicht dazu verhalten, gerade in der Mitte eine Durchfahrt freizulassen. Dies würde den Interessen ihrer Verteidigung nicht Rechnung tragen. Denn eine Fahrtrinne in der Nähe des Ufers kann zweifellos viel besser verteidigt werden, als eine solche, welche vielleicht bis zur äussersten Kanonenschussweite vom Ufer entfernt ist. Wenn man die Gleichheit der beiden Staaten nicht verletzten will, bleibt daher wohl kaum etwas anderes übrig, als die Pflicht, eine Durchfahrt zu eröffnen, *jedem* der beiden Staaten aufzuerlegen. Dies würde auch sicherlich das Zustandekommen jener Vereinarung begünstigen.

Es handelt sich nun darum, die entwickelten Grundsätze zu formulieren. Hiebei ist zunächst noch eine Bemerkung über den Begriff der Minen vorauszuschicken. Es empfiehlt sich nicht, nur von Minen zu reden, da in Gegenwart oder Zukunft auch andere Zerstörungsmittel zur Verwendung gelangen könnten. Ebenso wäre auch eine taxative Aufzählung der verbotenen Vorrichtungen nicht angebracht, zumal sie, wie *Westlake* in der Sitzung des Instituts für internationales Rechts vom 25 September 1906 zu Gent mit Recht bemerkte, durch neue Erfindungen umgangen werden könnte [1]). Daher dürfte der Ausdruck „engins de destruction", den beispielsweise *Kebegy* in seinem Bericht an das Institut über die Regelung des Gebrauches von Unterseeminen, 1906, gebraucht hat [3]), wegen seiner Allgemeinkeit vorzuziehen sein.

Unter Rücksichtnahme auf diese Erwägungen darf

[1]) Annuaire de l'Institut de droit international, XXI (1906), S. 331.
[2]) a. a. O., S. 99.

vielleicht versucht werden, den oben erstatteten Vorschlägen folgende Gestalt zu geben:

Dans les détroits visés dans l'article sur l'emploi des mines automatiques de contact amarrées et d'autres engins de destruction amarrés est interdit excepté comme moyen de défense.

Les Etats riverains ne pourront se servir de ces mines et engins que pour la protection de leurs propres côtes et seulement jusqu'à la distance de la portée extrême des canons.

En tant que la largeur d'un détroit n'excède pas la double portée maxime des canon, l'Etat riverain qui fait usage des autorisations des articles précédents doit laisser un passage non barré par des mines automatiques de contact ou par d'autres engins éclatant au simple choc.

Dans ce passage il ne peut employer que des mines à commande électrique ou d'autres engins dont l'explosion suppose un acte volontaire, commis en connaissance de cause, pour la défense de l'Etat par les agents de celui-ci.

Le passage pourra être fermé pendant la nuit.

Si les rives du détroit appartiennent à des États différents et ceux-ci n'ont pas conventionnellement fixé la route du passage. le passage peut être demandé de chacun d'eux.

Bei der Formulierung des Durchfahrtsrechtes und der Gleichheit aller Flaggen muss auf die beiden Möglichkeiten Rücksicht genommen werden, dass das Seebeuterecht gilt oder dass es abgeschafft ist. Nur in letzterem Falle dürfte es eine Bedeutung haben, unbewaffnete feindliche Schiffe den neutralen gleichzustellen. Daher wird in den folgenden Bestimmungen das Wort „armés" eingeklammert. Es wäre zu streichen, wenn das Seebeuterecht nach dem Kriege weiter in Geltung bleiben sollte. Diese Bestimmung hätte etwa zu lauten:

Le droit de libre passage et l'égalité de traitement dans tous les détroits visés dans l'article Ier sont reconnus à tous les navires sans distinction de pavillon, excepté les navires (armés) de l'ennemi, si l'Etat riverain est belligérant.

Die Bestimmungen über die Fahrtrinne durch ein Minenfeld bedürfen aus sicherheitspolizeilichen Gründen noch einer Ergänzung. In der Regel ist die Durchfahrtsrinne allgemein bekanntzumachen. Doch muss der Uferstaat berechtigt sein, sie geheimzuhalten, allerdings nur in dem er die Durchfahrt an die Bedingung knüpft, dass die Schiffe durch einen von dem Staate hiezu ermächtigten Lotsen geführt werden.

Es wäre daher noch anzuordnen:

Lorsque des mines automatiques de contact ou d'autres engins de destruction amarrés éclatant au simple choc sont employés, l'Etat riverain doit faire connaître à la navigation par un avis préalable le rayon infesté de ces mines et engins et le passage.

Dans le passage, l'Etat riverain peut laisser les navires se servir de ses pilotes brévetés, s'il fait usage de cette autorisation il n'est pas tenu de faire connaître à la navigation les régions où seront mouillés les engins de destruction.

Endlich wären die vorstehenden Bestimmungen

durch eine Anordnung über die Steinblockade und andere Mittel der Schliessung zu ergänzen. Auch hier genügt es analog dem oben Ausgeführten für die Zwecke der Verteidigung, wenn eine schmale Durchfahrtsstrasse frei bleibt. Daher wäre etwa anzuordnen:

Dans les détroits visés dans l'article Ier, le blocus par pierres et d'autres moyens de clôture sont interdits à moins qu'ils ne soient construits de manière à laisser un passage non barré ouvert à la navigation pacifique.

Wesentlich anders als bei den Meerengen liegen die Dinge bei den Kanälen. Hier reichen die Verteidigungsanlagen zu Lande infolge der geringen Breite des Kanals zum Schutze der Ufer vollkommen aus, soweit der Staat, auf dessen Territorium der Kanal liegt, nicht durch Zustimmung zu einer Neutralisierung des Kanalgebietes sich seines Verteidigungsrechtes begeben hat. In der Tat untersagen auch die bisherigen Verträge über den Suez- und Panamakanal in viel weitergehender Weise ganz allgemein alle feindseligen Akte. Es besteht kein Anlass, dies zu ändern. Die hierauf bezügliche Formulierung wird in anderem Zusammenhange versucht werden.

Zuvor sollen noch alle jene Mittel der Absperrung einer Meerenge kurz behandelt werden, welche bisher nicht erörtert worden sind. Da einesteils alle Feindseligkeiten seitens der Schiffe und Küstenartillerie des Uferstaates gegen bewaffnete feindliche Schiffe, anderseits alle an Ort und Stelle befestigten Sperrmittel schon Gegenstand der Untersuchung und Antragstellung gewesen sind, so bleiben noch übrig: erstens feindselige Akte gegen neutrale und gegebenenfalls auch gegen unbewaffnete feindliche Schiffe, zweitens Sperrmittel, welche nicht an Ort und Stelle befestigt sind, insbesondere Treibminen. Die Anwendung aller dieser Massregeln sind in Meerengen im wesentlichen zu *untersagen*. Denn die bisher besprochenen Sperrmittel reichen zur Verteidigung, wie wir gesehen haben aus. Immerhin sind einige Bemerkungen notwendig. Das Verbot feindseliger Akte gegen neutrale und eventuell gegen unbewaffnete feindliche Schiffe in Meerengen folgt seinem wesentlichsten Inhalt nach schon aus der Bestimmung über das Recht der freien Durchfahrt. Allein es dürfte doch nicht angehen, feindselige Akte in Meerengen schlechthin zu verbieten. Denn der Ausdruck „feindseliger Akt", acte d'hostilité ist ein vieldeutiger, es können auch Massregeln, selbst gegen die neutrale Schiffahrt, unter ihn subsumiert werden, auf welche der Uferstaat im Interesse seiner Sicherheit nicht verzichten kann, während sie für den legalen Verkehr nur eine geringfügige und nebensächliche Belästigung bedeuten. Insbesondere muss der Uferstaat unter Umständen in der Lage sein, die passierenden Schiffe anhalten und eventuell durchsuchen zu dürfen, um sich gegen Flaggenmissbrauch des Feindes und gegebenenfalls gegen das Eindringen bewaffneter feindlicher Schiffe unter der Maske unbewaffneter zu schützen. Den Bedürfnissen des Verkehrs ist ausreichend Rechnung getragen, wenn der den Schiffen verursachte Aufenthalt zeitlich, beispielsweise auf 24 Stunden, eingeschränkt wird. Die Gestattung einer solchen zeitlichen Verzögerung der Durchfahrt ist auch deswegen empfehlenswert, damit dem Uferstaat die Durchführung seepolizeilicher Anordnungen in der Passage durch die Minensperre erleichtert wird. Es wäre daher, entsprechend dem Punkte (A, f.) des von der Commission des Détroits et des Canaux maritimes am 8 Januar 1913 behandelten Vertragsentwurfes *Penha Garcia's* [1]) folgendes auszusprechen:

„Les actes d'hostilité pratiquée dans les détroits visés dans l'article Ier ne devront pas constituer un empêchement de plus de vingt-quatre heures au libre passage des bateaux neutres à travers les détroits".

Diese allgemeine Norm würde nicht hindern, dass etwa das gänzliche Verbot feindseliger Akte in Meerengen ebenso wie beispielsweise das Verbot der Befestigung und die Schliessung für Kriegsschiffe in Spezialverträgen für einzelne Meerengen ausgesprochen wird.

Für die Kanäle und das Schutzgebiet an ihren Mündungen alle feindseligen Akte zu verbieten, unterliegt keinem Bedenken, da bereits Art. 4 abs. 1 des Suezkanalvertrages und Art. 3 P. 2 des Hay-Pauncefote-Vertrages vom 18 November 1901 diese Verbote ausgesprochen haben.

Es könnte daher etwa in Anlehnung an den Text des Suezkanalvertrags, verfügt werden:

Dans les canaux visés dans l'article Ier et dans les zones internationalisées devant les embouchures de ces canaux, aucun acte d'hostilité et aucun acte ayant pour but d'entraver la libre navigation du canal ne pourra être exercé.

---

[1]) Union interparlementaire. Procès-verbaux de la Commission des Détroits et des Canaux maritimes, III, S. 8, 9, 18, 19.

Die bei den Meerengen zugelassenen Sperrmittel, wie Minen und Steinblockade, sind jedoch hier auch dann zu verbieten, wenn sie im konkreten Fall nicht den Zweck verfolgen sollten „d'entraver la libre navigation du canal", wenn sie beispielsweise nur gegen den Eingangshafen gerichtet wären. Daher wäre hinzuzufügen:

Dans ces eaux, l'emploi des mines et d'autres engins de destruction est absolument interdit, de même le le blocus par pierres ou d'autres moyens de clôture.

Was die Verwendung von *Treibminen* und anderen nicht befestigten Zerstörungsmitteln anbelangt, so würde es keineswegs genügen, wenn ihre Anwendung in Meerengen etwa in dem Umfange zulässig wäre, innerhalb dessen Art. 1 Punkt 1 des VIII. Haager Abkommens sie gestattet. In Meerengen müssen Treibminen unbedingt verboten sein, sonst könnten die Bestimmungen über das Freihalten einer Durchfahrtsrinne durch die Minensperre mittelst Treibminen umgangen werden. Dass umsomehr in Kanälen das Ausstreuen solcher Minen unerlaubt sein muss bedarf wohl keiner näheren Begründung.

Auch hier wäre wieder ganz allgemein von Minen und anderen Zerstörungsmitteln zu sprechen. Das Verbot hätte demnach etwa zu lauten:

„Dans les détroits visées dans l'article Ier il il est interdit de placer des mines automatiques de contact non amarrées ou d'autres engins de destruction non amarrés."

Einer Vereitlung der Zwecke dieses Verbotes durch verankerte Minen, welche sich losreissen, wäre durch eine besondere Bestimmung entsprechend Art. 1 Punkt 2 des VIII. Haager Abkommens entgegenzutreten:

„Il est également interdit d'y placer des mines amarrées ou autres engins amarrés qui ne deviennent pas inoffensifs dès qu'ils auront rompu leurs amarres."

Um die Lücken einer unvollkommenen Meerengensperre auszufüllen, kann der sperrende Staat zu einem *allgemeinen Verbot* oder einer *allgemeinen Warnung* greifen, indem er allen, auch neutralen Schiffen die Durchfahrt untersagt beziehungsweise sie vor der Durchfahrt warnt und für den Fall der Nichtbeachtung des Verbotes irgendwelche feindselige Akte im weitesten Sinne des Wortes gegen das ungehorsame Schiff androht. Beispiele solcher Masregeln sind die Verhängung der Blockade und die Erklärung eines Meeresteiles zum Kriegsgebiet oder Sperrgebiet. Deklarationen der letztgenannten Art sind im gegenwärtigen Krieg, seitdem Grossbritannien mit der Bekanntmachung vom 3 November 1914 den Begriff des „Kriegsgebietes" in diesem Sinn in das Seerecht eingeführt hat, bis zur deutschen Sperrgebietserklärung vom 31 Januar 1917 wiederholt von beiden Seiten und zwar auch in Bezug auf Meerengen [1]) erlassen worden.

Ein solches Verbot oder eine solche Warnung richtet sich notwendigerweise nur gegen Neutrale oder gegen feindliche Handelsschiffe, soweit die letzteren nicht dem Seebeuterecht unterliegen, und verfolgt den Zweck, friedliche Schiffe vor schlimmeren Folgen zu

[1]) Vgl. beispielsweise Punkt 1 der deutschen Bekanntmachung vom 4 Februar 1915.

bewahren als das blosse Unterlassen der Durchfahrt für sie hat. Dagegen wäre ein Verbot oder eine Warnung etwas ganz Sinnloses, wenn sie sich auf feindliche Kriegsschiffe oder überhaupt auf angreifende bewaffnete Schiffe beziehen würde. Denn durch Verbote und Warnungen lässt sich der Feind von einem beabsichtigten Angriff nicht abhalten, nur Gewalt, also physische Hindernisse, können ihm wirksam den Weg verlegen. Daraus folgt, dass eine Sperre einer Meerenge durch Verbot oder Warnung, wiewohl sie ein sehr wertvolles Mittel des wirtschaflichen Angriffs sein kann, dennoch *ein unzureichendes Verteidigungsmittel* ist. Sie hält nur die ungefährlichen Schiffe ab, nützt aber nichts gegen diejenigen, von denen allein Gefahr droht. Daher kann und muss im Interesse des friedlichen Weltverkehrs die Blockade einer Meerenge und die Erklärung einer Meerenge zum Sperrgebiet verboten werden. Ebenso wie man für das Seerecht im Allgemeinen den Grundsatz der Effektivität der Blockade aufgestellt hat, um die friedliche Schiffahrt gegen willkürliche Belästigung durch vielleicht mehr papierene als wirkliche Massregeln zu schützen [1]), so muss meines Erachtens für das Meerengenrecht der *Grundsatz der Effektivität der Sperre* postuliert werden — wobei die Frage noch vorbehalten bleibt, ob nicht auch mit der effektiven Sperre das unbedingte Recht der friedlichen Durchfahrt vereinbar

---

[1]) Vgl. *Oppenheim*, International Law, II, § 368; *Hold* in *Grünhuts* Zeitschrift, XXXVI, S. 310; *Rocholl*, Die Frage der Minen im Seekrieg, 1910, S. 153; *Heilborn*, in der Zeitschrift für Völkerrecht, IX, 58 und andere.

sei. Allerdings wird hiebei das Wort effektiv in einem neuen, strengeren Sinn gebraucht. Denn die regelrechte Blockade war „effektiv". wenn sie *unbewaffnete* Handelsschiffe vom Durchbruch abzuhalten vermochte, die Sperre einer Meerenge wäre es in der hier gebrauchten Bedeutung nur dann, wenn sie auch *Kriegsschiffe* wirksam abzuwehren imstande ist.

Jede Sperre, welche nicht „effektiv" in diesem neuen Sinne ist, kann und muss als zu Verteidigungszwecken ungeeignet verboten werden. Die bloss papierene und die unvollkommene, durch papierene Massregeln ergänzte Meerengensperre können nicht zugelassen werden.

Bezüglich der regelrechten Blockade ist der hier de lege ferenda angestrebte Rechtszustand auch schon bisher geltendes Recht gewesen, soferne man das unbedingte jus passagii in Meerengen anerkennt. Ebenso ist bei rechtspolitischen Erörterungen des Meerengenproblems in der Regel das Verbot der Blockade gefordert worden, so auch von der Commission des Détroits et des Canaux maritimes. Was die Erklärung zum Kriegs-oder Sperrgebiet anbelangt, so handelt es sich um eine neue, im Kriege entstandene Bildung, die man vielleicht mit *Rehm* [1]) als „Blockade im weiteren Sinn" (Minenblockade, Unterseebootblockade u.s.w.) und als Ausgangspunkt neuer Rechtssätze betrachten könnte. Jedenfalls ist diese neue Form der Blockade für die hier zu verfolgenden Zwecke der

---

[1]) Zeitschrift für Völkerrecht, IX, 41 ff., und Deutsche Juristenzeitung XX (1915), S. 459. Vgl. staat Vieler noch *Philippson*, International Law and the Great War, 1915, S. 383 ff.

alten gleichzustellen, denn sie ist noch weniger „effektiv" als diese. Es muss daher auch die neue Blockade für die Meerengen ebenso abgelehnt werden wie die alte.

Die Gründe dieser Gleichstellung treffen auch für die Kanäle und die Schutzgebiete an deren beiderseitigen Mündengen zu. Art 1 Abs. 3 des Suezkanalvertrags und Art. 3 Punkt 2 des Hay-Pauncefote-Vertrags vom 18 November 1901 verbieten entsprechend ihrer Entstehungszeit nur die „Blockade". Heute müsste das eben für die Meerengen geforderte Verbot der Blockade im *weiteren* Sinn auch auf die Kanäle ausgedehnt werden.

Es wird daher beantragt, in das geplante Abkommen eine Bestimmung aufzunehmen, welche die Blockade der Meerengen und Kanäle und deren Erklärung zum Sperrgebiet untersagt. Da jedoch der Ausdruck Sperrgebiet auch im Zusammenhang mit der Minensperre und ähnlichen Absperrungsmassregeln verwendet werden kann, zum Beispiel zur Bezeichnung des Minenfeldes, vor dessen Befahren der Uferstaat die Schiffahrt warnt, müsste bei der Formulierung jenes Verbotes ein Vorbehalt gemacht werden, welcher die Anwendung der dem Vertrage entsprechenden Sperrmittel ausnimmt.

Die Bestimmung hätte daher etwa zu lauten:

„Le blocus des eaux visés dans les articles.... est interdit, de même la déclaration d'une zone prohibée dans ces eaux, excepté le placement d'engins de destruction amarrés, le blocus par pierres et d'autres moyens de clôture établis dans un détroit d'accord avec les prescriptions de cette convention."

Von sonstigen Bestimungen wären noch solche über das Verlöschen von Leuchttürmen wünschenswert. Vielleicht kann bezüglich dieses Punktes der Artikel 6 des von der Commission des Détroits et des Canaux maritimes angenommenen Vertragsentwurfes [1]) rezipiert werden.

Jene besonderen Bestimmungen der Verträge über den Suez- und den Panamakanal bezüglich des Durchfahrtsrechtes, welche mit den hier vorgeschlagenen Anordnungen weder zusammenfallen noch in Widerspruch stehen, wie beispielsweise jene über den Aufenthalt und die Ausrüstung und Verpflegung von Kriegsschiffen Kriegführender, die Ausschiffung von Truppen u. a. bedürfen ebensowenig wie die schon besprochenen Nebenbestimmungen über die Anlagen zu Lande, über den Süsswasserkanal von Suez u. dgl. einer besonderen Erwähnung. Denn sie bleiben wie jede Norm in Geltung, solange sie weder ausdrücklich ausser Kraft gesetzt werden, noch durch einen inhaltlich abweichenden Rechtssatz eine Derogation erfahren. Es bestünde auch kein Bedenken, sie der Einheitlichkeit halber in den neuen allgemeinen Vertrag aufzunehmen. Doch ist es wohl überflüssig, sie in den Wortlaut des hier vorgeschlagenen Vertragsentwurfes hineinzuarbeiten, da dies erforderlichenfalls jederzeit an der Hand der Texte der bisher geltenden Verträge leicht geschehen kann.

Das Wesentlichste, was angeordnet werden muss und allgemein angeordnet werden kann, um die Durch-

---

[1]) Union interparlementaire. Procès-verbaux de la commission des détroits et des canaux maritimes, V, S. 8; unten, Anhang III, Art. 6.

fahrt durch Meerengen und Kanäle zu sichern, dürfte mit den vorgeschlagenen Normen umschrieben sein. Was sonst noch einzelnen Staaten von Wichtigkeit erscheinen mag, müsste wohl *Spezial*verträgen oder doch *speziellen* Regelungen der konkreten Frage im Rahmen des allgemeinen Vertrages überlassen werden. So namentlich die Wahrung des Interesses, welches die Uferstaaten eines abgeschlossenen Meeresteiles an der Verteidigung der Zufahrtstrasse zu diesem Meere haben, obwohl sie nicht Uferstaaten der Zufahrtsstrasse sind. Beispielsweise könnte es gewiss für Russland, Rumänien und Bulgarien unter Umständen von grossem Wert sein, wenn sie zum Zwecke ihrer Verteidigung den Nordausgang des Bosporus in der hier vorgeschlagenen Weise sperren dürften, ohne Rücksicht auf die Hoheitsrechte der Türkei im Küstengewässer und auf deren Teilnahme am Kriege. Aehnlich ist das Verhältnis Oesterreich-Ungarns zur Strasse von Otranto, Russlands zu den Eingängen der Ostsee, insbesondere etwa zur Linie Trelleborg-Rügen. Solchen Eventualitäten müsste nötigenfalls durch Sonderstipulationen Rechnung getragen werden, in denen die Voraussetzungen und Modalitäten der Sperre von vornherein mit Zustimmung der Uferstaaten — etwa gegen anderweitige Kompensationen — festgesetzt werden. An eine *allgemeine* Regelung der Frage kann kaum gedacht werden. Denn wo wäre eine Grenze zu ziehen? Es müsste beispielsweise allen Uferstaaten des ganzen Mittelmeeres die Befugnis zugestanden werden, die Strasse von Gibraltar zu sperren. Aehnliche Schwierigkeiten ergeben sich bei anderen Materien.

Hiegegen können von allgemeineren Bestimmungen noch insbesondere solche über die Entscheidung von Streitigkeiten aus dem Vertrag und über die Sanktion des Vertrages in Frage kommen.

In Beziehung auf den ersten dieser Punkte hat bereits die Commission des Détroits et des Canaux maritimes einen vorbildlichen Beschluss gefasst. Es wäre daher im Wesentlichen Artikel 7 des von ihr vorgeschlagenen Vertragsentwurfes [1]) in das hier beantragte Projekt aufzunehmen.

In keiner so glücklichen Lage sind wir in Beziehung auf den zweiten Punkt. Er führt uns auf eines der schwierigsten und grundlegendsten Gebiete des Völkerrechtes. Es handelt sich um allgemeine Fragen von der grössten politischen Tragweite. Solche Fragen in einem Spezialabkommen über die Meerengen und Kanäle lösen zu wollen, wäre systematisch ebenso verfehlt wie politisch undurchführbar. Vielleicht darf der Hoffnung Ausdruck gegeben werden, dass die Wissenschaft bereits einen Weg gefunden hat, welcher, wenn er weiter verfolgt und ausgebaut wird, zur Lösung des Problems zu führen verspricht. Es sei beispielsweise auf die Anregungen des Entwurfs *Bryce Dickinson* über die Vermeidung des Krieges [2]) und auf die Vorschläge hingewiesen, welche kürzlich *Lammasch* in der Zentralorganisation für einen dauernden Frieden erstattet hat [3]). Würden diese oder ähn-

1) a. a. O., V, S. 8; unten, Anhang III, Art. 7.

2) Proposals for the Avoidance of War with a prefatory note by Viscount *Bryce*, Art. 17 ff.

3) Apologetische und kritische Bemerkungen zu dem von dem niederländischen Comité ausgearbeiteten Entwurf eines allgemeinen

liche Anträge allgemein angenommen, so wäre damit für die praktische Durchsetzung internationaler Verträge wie des hier beantragten eine feste Grundlage gewonnen. In Verbindung damit könnte wohl auch dem namentlich von *Schücking* zur Disskussion gestellten [1]) Problem der Schadenshaftung des vertragsbrüchigen Staates gegenüber Privaten, welche durch die rechtswidrige Sperre der Wasserstrasse einen Nachteil erlitten haben, näher getreten werden.

Umgekehrt aber — und dies sei hier besonders betont — könnte gerade die Internationalisierung von Wasserstrassen in Zukunft der Gemeinschaft der vertragstreuen Staaten ein sehr wirksames Mittel in die Hand geben, um auf einen Staat, welcher irgend einen vielleicht auf ganz anderem Gebiete gelegenen völkerrechtlichen Vertrag bricht, mit dem Ausschluss von den Wohltaten der Internationalisierung, ja vielleicht mit einer Sperre von Wasserstrassen gegenüber den Schiffen dieses Staates, einen empfindlichen Druck auszuüben. Damit könnten Entwürfe wie jene von *Bryce-Dickinson* oder *Lammasch* eine Ergänzung erfahren.

Die nähere Ausführung und Formulierung dieses Gedankens muss freilich einem späteren Zeitpunkt vorbehalten bleiben.

Ein zusammenhängender Text des hier vorgeschlagenen Vertragsentwurfes ist im Folgenden zusammengestellt:

Vertrags über die friedliche Regelung internationaler Konflikte, Haag, 1917, S. 27 ff, 47, 48.

[1]) In der Zeitschrift Das Recht, XIV (1912), S. 300; oben S.

AVANT-PROJET DE CONVENTION.

Article premier.

La présente convention s'applique:

1) aux détroits qui constituent la seule ou la principale communication entre deux mers libres et dont la largeur minimum n'excède pas.... (par exemple 80) kilomètres;

2) aux canaux de Suez et de Panama.

Art. 2.

Le régime spécial des détroits visés dans l'article premier s'étend à toute la longueur du détroit pour autant que la largeur n'excède pas.... (par exemple 80) kilomètres.

Art. 3.

La régime spécial des canaux s'étend aux eaux avoisinant le canal dans la limite de.... (par exemple 20) kilomètres de chaque extrémité du canal.

Art. 4.

Le Golfe de Suez et la partie septentrionale du Golfe de Panama sont considérés comme détroits pour autant que la largeur de ces golfes n'excède pas.... (par exemple 80) kilomètres.

Art. 5.

Le droit de libre passage et l'égalité de traitement dans tous les détroits visés dans l'article 1er sont reconnus à tous les navires sans distinction de pavillon, excepté les navires (armés) de l'ennemi, si l'Etat riverain est belligérant.

(Anmerkung: Das Wort armés ist nur beizubehalten, wenn das Seebeuterecht abgeschafft wird.)

Art. 6.

Dans ces détroits l'emploi des mines automatiques de contact amarrées et d'autres engins de destruction amarrés est interdit excepté comme moyen de défense.

Art. 7.

Les Etats riverains ne pourront se servir de ces mines et engins que pour la protection de leurs propres côtes et seulement jusqu'à la distance de la portée extrême des canons.

Art. 8.

Pour autant que la largeur d'un détroit n'excède pas la double portée extrême des canons, l'Etat riverain qui fait usage des facultés prévues aux articles précédents doit laisser un passage non barré par des mines automatiques de contact ou par d'autres engins éclatant au simple choc.

Art. 9.

Dans ce passage il ne peut employer que des mines à commande électrique ou d'autres engins dont l'explosion suppose un acte volontaire, commis en connaissance de cause, pour la défense de l'Etat par les agents de celui-ci.

Art. 10.

Le passage pourra être fermé pendant la nuit.

Art. 11.

Lorsque des mines automatiques de contact ou d'autres engins de destruction ammarrés éclatant au simple choc sont employés, l'Etat riverain doit faire connaître à la navigation par un avis préalable le rayon infesté de ces mines et engins et le passage.

Art. 12.

Dans le passage visé dans l'art. 8, l'Etat riverain peut laisser les navires se servir de ses pilotes brèvetés; s'il fait usage de cette faculté, il n'est pas tenu de faire connaître à la navigation les régions où seront mouillés les engins de destruction.

Art. 13.

Dans les détroits visés dans l'article 1er il est interdit de placer des mines automatiques de contact non amarrées ou d'autres engins de destruction non amarrés.

Art. 14.

Il est également interdit d'y placer des mines amarrées ou d'autres engins amarrés qui ne deviennent pas inoffensifs dès qu'ils auront rompu leurs amarrés.

Art. 15.

Dans les détroits visés dans l'article 1er, le blocus par pierres et d'autres moyens de clôture sont interdits à moins qu'ils ne soient construits de manière à laisser un passage non barré ouvert à la navigation pacifique.

Art. 16.

Si les rives d'un détroit appartiennent à des Etats différents et ceux-ci n'ont pas conventionellement fixé la route du passage visé dans les articles 8 et 15, le passage peut être demandé de chacun d'eux.

Art. 17.

Les actes d'hostilité pratiqués dans les détroits visés dans l'article 1er ne devront pas constituer un empêchement de plus de vingt-quatre heures en libre passage des bateaux neutres à travers les détroits.

(Anmerkung: Im Falle der Abschaffung des Seebeuterechtes müssten an die Stelle der Worte, „des bateaux neutres" die Worte treten: „de tous les navires excepté les navires armés de l'ennemi.")

Art. 18.

Les canaux maritimes de Suez et de Panama seront toujours libres et ouverts, en temps de guerre comme en temps de paix, à tout navire de commerce ou de guerre, sans distinction de pavillon, même aux navires de guerre des belligérants.

Art. 19.

Dans ces canaux et dans les zones internationalisées devant les embouchures de ces canaux, aucun acte d'hostilité et aucun acte ayant pour but d'entraver la libre navigation du canal ne pourra être exercé.

Art. 20.

Dans ces eaux, l'emploi des mines et d'autres engins de destruction est absolument interdit, de même les blocus par pierres ou d'autres moyens de clôture.

(Anmerkung: Hieran hätten sich etwa die weiteren Bestimmungen über den Aufenthalt der Kriegsschiffe, das Ausschiffen von Truppen etc., entsprechend Art. 4 ff des Suezkanalvertrages und Art. 3, Punkt 3 ff des Hay-Pauncefote-Vertrags vom 18 November 1901 sowie die sonstigen Anordnungen dieser Verträge anzureihen.)

Art. 21.

Le blocus des eaux visés dans les articles 1—4 est interdit, de même la déclaration d'une zone prohibée dans ces eaux excepté le placement d'engins de destruction ammarrés, le blocus par pierres et d'autres moyens de clôture établis dans un détroit conformément aux prescriptions de cette convention.

Art. 22.

Les phares qui marquent les abords des détroits et canaux visés dans l'article 1er ne doivent pas être éteints, même en temps de guerre.

Art. 23.

Si des divergences se rapportant à l'interprétation ou à l'application des stipulations de cette convention ne peuvent pas être aplanies par des négociations diplomatiques, les litiges y relatifs seront portés devant la Cour permanente d'arbitrage de La Haye.

Art. 24.

Le compromis sera éventuellement établi conformément aux articles 53 et 54 de la Convention du 18 octobre 1907 sur le règlement pacifique des conflits internationaux en tant qu'il n'y serait pas dérogé par un accord exprès au moment du litige.

Art. 25.

Toutes clauses des traités, conventions et accords antérieurs, qui seraient contraires aux stipulations qui précèdent sont abrogées.

(Anmerkung: Nunmehr wären eventuell jene älteren Vertragsbestimmungen aufzuzählen, welche mit dem vorliegenden Entwurf in Widerspruch stehen, jedoch in Geltung bleiben sollen.)

ANHANG I

Entwurf der Commission des détroits et des canaux maritimes vom 8 u. 9 Januar 1913 (Procès verbaux, III, S. 16 ff.).

A. Régime des détroits.

a) Le libre passage de tous les détroits reliant deux mers est assuré en temps de paix et de guerre aux pavillons de toutes les nations.

b) Dans les eaux territoriales des deux rives de ces détroits, les droits des Etats riverains ne devront être exercés de façon à porter atteinte à ce droit de libre passage.

c) Le blocus de ces détroits est strictement prohibé.

d) Il est défendu, tant aux neutres qu'aux belligérants, de placer des mines ou des torpilles qui puissent barrer le passage de ces détroits. Si même le détroit n'était formé que par les eaux territoriales d'un seul Etat, on serait encore tenu de laisser un passage suffisant pour les besoins de la navigation pacifique.

e) Les phares qui balisent le passage de ces détroits ne doivent pas être éteints même en temps de guerre.

f) Les actes d'hostilité pratiques dans les détroits ne devront pas constituer un empêchement de plus de vingt-quatre heures au libre passage des bateaux neutres à travers les détroits.

g) Les actes d'hostilité seront défendus dans la zone des détroits soumis au régime de la non-fortification.

h) La détermination des zones soumises au régime de non- fortification fera l'objet de conventions spéciales.

B. Régime des canaux.

I. Tous les canaux interocéaniques proprement dits seront soumis au régime de la neutralisation qui comporte:

a) La libre navigation assurée à tous les pavillons, pour les navires de commerce et de guerre;

b) La parfaite égalité de tous les pavillons relativement aux conditions et frais de transport et autres et l'équité et justice de ces conditions et frais;

c) La soustraction à tout acte d'hostilité ou de destruction volontaire du canal, du matériel, des établissements, des bâtiments et de tous les ouvrages nécessaires à la construction, au maintien et au fonctionnement du canal;

d) L'interdiction du blocus du canal et d'une zone tracée du centre de chacune des embouchures du canal, avec un rayon de 6 milles marins;

e) L'interdiction du droit de visite et de capture dans le canal ou dans la zone indiquée;

f) La prohibition dans le canal et sa zone neutralisée du débarquement ou de l'embarquement de troupes, munitions ou matériel de guerre sauf pour le cas d'un empêchement accidentel de transit.

g) La prohibition de ravitaillement ou approvisionnement pour les navires de guerre des belligérants traversant le canal, sauf dans la limite nécessaire pour le passage qui doit être effectué dans le plus bref délai possible;

h) Prohibition du séjour de plus de vingt-quatre heures des navires de guerre belligérants dans le canal et sa zone neutralisée, sauf le cas de relâche forcée; dans ce dernier cas, le départ se fera le plus tôt possible;

i) Défense à chaque navire belligérant de partir avant un délai de vingt quatre heures après le départ d'un bateau de guerre appartenant à un autre belligérant;

j) Interdiction dans les canaux, comme dans les détroits de l'extinction des phares.

II. La détermination des zones avoisinantes des canaux maritimes où le droit de fortification doit être prohibé, dès que cette mesure pourra se réaliser, sera réglée par des conventions spéciales.

ANHANG II.

Bericht der Commission des détroits et des canaux maritimes an die Interparlamentarische Union (Annuaire de l'Union interparlementaire, IV, 1914, S. 38, 39).

I.

L'application du régime intégral des conventions du 25 juillet 1881 pour le détroit de Magellan, du 29 octobre 1888 pour le canal de Suez et du 18 novembre 1901 pour le canal de Panama à tous les détroits et canaux interocéaniques présente trop de difficultés pour qu'on puisse d'ores et déjà la prôner comme une solution possible.

II.

Il y a pourtant certains principes dans ce domaine qu'on peut considérer comme étant susceptibles d'être adoptés tout de suite par la généralité des Etats civilisés dans l'intérêt des communications internationales et de la paix mondiale.

Ces principes seraient:

a) La reconnaissance expresse du droit de libre passage des navires de commerce sans distinction de pavillon en temps de paix et de guerre dans tous les détroits reliant deux mers non intérieures et dans les canaux interocéaniqes proprement dits;

b) La stricte prohibition du blocus de ces détroits et canaux;

c) L'interdiction de placer des mines ou des torpilles pouvant barrer totalement le passage de ces détroits et canaux et l'obligation de donner avis à la navigation quant au placement des mines et des torpilles dans les eaux territoriales avoisinantes;

d) L'interdiction d'éteindre, même en temps de guerre, les phares qui balisent le passage de ces détroits et canaux;

e) La reconnaissance dans les traités sur les détroits et canaux, de l'emploi de l'arbitrage, ou d'autres moyens amiables ou judiciaires, pour la solution des litiges relatifs à l'application ou à l'interprétation de ces traités.

Les moyens d'obtenir la consécration de ces principes par le droit international conventionnel doivent être soigneusement étudiés au point de vue de l'action de l'Union interparlementaire.

III.

Certains cas particuliers qui, par leur aractère exceptionnel, constituent un sérieux empêchement à l'adoption de règles générales plus complètes, ont besoin par leur complexité d'une étude plus longue et de nouvelles discussions.

La coopération des groupes nationaux dans l'étude de ces questions servira beaucoup à les êclairer et aidera puissament la Commission.

ANHANG III.

Endgültiger Entwurf der Commission des détroits et des canaux maritimes vom 17. April 1914 (Procès-verbaux, V, S. 7, 8).

Article premier.

L'égalité de traitement et le droit de libre passage dans tous les détroits reliant deux mers non intérieures et dans les canaux interocéaniques proprement dits sont reconnus et assurés à tous les navires sans distinction de pavilíon, soit en temps de paix, soit en temps de guerre.

Le régime particulier des navires de guerre dans les détroits et canaux maritimes régis par des traités spéciaux reste réservé

Art. 2.

Les navires des Etats belligérants resteront soumis aux règles particulières des conventions et usages de la guerre maritime.

Art. 3.

Le droit de libre passage doit être exercé d'accord avec les prescriptions et règlements légitimement édictés par les Etats riverains des détroits et canaux maritimes pour leurs eaux territoriales.

Si ces Etats sont eux-mêmes belligérants, le passage dans les mêmes eaux pourra être règlementé plus strictement pendant le temps de guerre, de façon à assurer le besoin de la défense des Etats en question; mais cette règlementation ne pourra jamais aller jusqu'à la fermeture de tout passage aux neutres, sauf exceptionnellement pendant la nuit.

Art. 4.

Le blocus des détroits et canaux maritimes visés dans l'article 1er est strictement prohibé.

Art. 5.

Il est interdit de placer des mines automatiques de contact ou des torpilles qui ne puissent pas être contrôlées par celui qui les a placées, de façon à barrer totalement le passage des mêmes détroits ou canaux maritimes.

Le placement de torpilles dans les eaux avoisinantes de ces détroits et canaux maritimes ne doit pas constituer un danger pour le passage des vaisseaux neutres, et avis en sera donné à la navigation.

Art. 6.

Les phares qui marquent les abords de ces détroits et canaux maritimes ne doivent pas être éteints, même en temps de guerre.

Art. 7.

Si des divergences se rapportant à l'interprétation ou à l'applicastion des stipulations de cette convention ne peuvent pas être aplaniepar des négociations diplomatiques, les litiges y relatifs seront portés devant la Cour permanente d'arbitrage de La Haye.

Le compromis sera éventuellement établi conformément aux articles 53 et 54 de la Convention du 18 octobre 1907 sur le règlement pacifique des conflits internationaux.

GPSR Compliance

The European Union's (EU) General Product Safety Regulation (GPSR) is a set of rules that requires consumer products to be safe and our obligations to ensure this.

If you have any concerns about our products, you can contact us on ProductSafety@springernature.com

In case Publisher is established outside the EU, the EU authorized representative is:

Springer Nature Customer Service Center GmbH
Europaplatz 3
69115 Heidelberg, Germany

Batch number: 10830937

Printed by Printforce, the Netherlands